# La posture sensible
## dans le processus de
# création des idées

# La posture sensible
## dans le processus de
# création des idées

Guy Aznar, Stéphane Ely

Editions Créa Université

## Editions Créa Université

L'association Créa Université a été créée en 2006 par un groupe de spécialistes en créativité et d'enseignants-chercheurs de l'université Paris-Descartes. Le conseil d'administration comprend Guy Aznar, Xavier Caroff, Sylvie Courcelle Labrousse, Stéphane Ely, Todd Lubart, Saphia Richou, Rémi Saint-Péron, Olwen Wolfe, Franck Zenasni.

L'association a pour objet de développer l'enseignement de la créativité et de conduire des programmes de recherche ayant pour vocation de mettre au point des méthodes pédagogiques nouvelles, des outils de formation et des techniques originales d'entraînement à la créativité. Elle a mis en place un certificat universitaire de formation à la créativité.

C'est dans ce contexte que le présent travail a été effectué.
L'association a créé les **Editions Créa Université** afin d'encourager la publication par ses membres de travaux de recherche, de réflexions théoriques, de comptes-rendus d'expériences.

Les ouvrages pourront être diffusés par des relais numériques ou par des réseaux classiques.

**Guy Aznar, Stéphane Ely**, *La Posture sensible dans le processus de création des idées*, Editions Créa Université, Paris, 2010 ©.


Contact@crea-univ.fr. www.crea-univ.fr.
36, boulevard de Sébastopol, 75004 Paris.

# Avant-propos

**Ré-inventer !**

« Changer le monde », c'est l'ambition de l'homme depuis qu'il est né. C'est plus vrai aujourd'hui que jamais, où tout semble devoir être ré-inventé : les relations de l'homme par rapport à la planète qui l'abrite, la manière de concevoir les villes à une époque où tout le monde s'y resserre, la manière de manger, la manière de produire, de se déplacer, de communiquer, la manière de maîtriser les relations économiques, la manière d'organiser des entreprises efficaces et de s'y épanouir.

Au cœur de ce vaste besoin de ré-invention se situe la créativité, noyau de la centrale qui produit notre vie collective.

Produire des idées, nous le faisons tous les jours, naturellement, spontanément. Mais comment cela se passe-t-il ? Comprendre le mécanisme de la production d'idées, pour l'améliorer, pour l'enseigner, pour partager collectivement cette aventure puisque, nous le savons, « nous sommes tous créateurs » : telle est notre ambition.

Y a-t-il des méthodes, des techniques, des outils différents en fonction des personnes, des groupes, des sujets à aborder, qui permettent de faciliter, d'amplifier la production des idées ? Telle est notre curiosité et l'objet de nos recherches.

C'est le thème de ce livre qui en présente l'esprit : analyser comme si l'on disposait d'un outil extraordinaire, un « scaphandre de l'imaginaire », une « caméra des intuitions », le moment fragile que l'on considère souvent comme magique où naissent les idées, celui que nous appelons le moment de « l'émergence des idées ».

Pour inventer, on le sait, deux modes de pensée peuvent être mis en jeu. Un premier, celui de la logique qui s'épanouit dans la science en marche, et un autre, celui de la pensée créative. Deux modes de pensée complémentaires, deux chemins qui se croisent et que l'on emprunte tour à tour de manière plus ou moins consciente.

Dans ce livre, nous nous intéresserons particulièrement à la pensée créative et notamment à la pensée créative en groupe : c'est notre terrain. Elle prend le contre-pied de la logique (provisoirement). Pour oublier le jugement (provisoirement), pour casser la chaîne des causalités, s'évader des chemins mille fois empruntés dans les circuits neuroniques, elle dispose de deux stratégies.

L'une qui joue sur la vitesse, sur des enchaînements tellement rapides qu'ils ne laissent plus au jugement le temps de souffler, et le court-circuitent. Elle est popularisée par la démarche du brainstorming ; nous l'appelons « la posture dynamique ».

L'autre, moins connue, qui nous intéresse, joue à l'inverse sur la lenteur, elle recherche le flou et le vague des moments d'intuition. Nous l'appelons « la posture sensible ». Elle suppose une mobilisation émotionnelle plus importante, un climat de groupe plus exigeant permettant de mettre les imaginaires en commun.

Dans un cas comme dans l'autre, la pensée créative effectue « un détour » par rapport à la ligne droite de la logique.

Le détour « dynamique » est décrit par les termes de : « divergence » / « convergence ».

Le détour « sensible » est décrit par les termes de : « éloignement » / « émergence » / « convergence sensible ».
Deux manières de parcourir le détour créatif qui sont complémentaires. L'une ou l'autre convient mieux à tel ou tel type de sujet, de personnalité ou de culture.

Nous approfondissons ici la posture sensible.
Parce qu'elle a été jusqu'ici moins décrite que la posture dynamique.
Parce qu'elle nous paraît ouvrir des champs imaginaires plus riches, susciter des idées plus fortes en termes de potentiel de rupture ou en termes d'ouverture sur le futur.
Parce que nous l'aimons.

Nous rappellerons en conclusion que le processus de création d'idées n'est qu'un ingrédient du processus plus global de production de solutions. C'est une précision importante.
Nous faisons part dans ce livre d'une recherche en cours d'élaboration. Pour l'approfondir, nous comptons sur vos idées.

Partagez vos réflexions, contactez-nous sur le site www.creativite-sensible.com.

Guy Aznar — Stéphane Ely

Paris, janvier 2010

# Sommaire

# I. Pour inventer, deux modes de pensée

# La pensée logique et la pensée créative

La nature de l'homme est d'inventer, c'est l'une de ses différences majeures avec les autres espèces, prisonnières de leur instinct. Depuis toujours, *Homo erectus* ne supporte pas le monde tel qu'il est ; il veut le changer, le transformer, parfois pour son bien, parfois pour son mal, et il se trouve qu'il dispose d'un bagage neuronal qui le lui permet. Il commence par créer des outils pour dominer la nature (qui peut-être un jour le domineront), ce qui l'amène à répéter des gestes, puis à enchaîner des démarches mentales, puis à comprendre. Il commence par saisir un bâton pour attraper une banane, comme Sultan le singe qu'observait Köhler, inventant par là même le processus de détour, puis par arracher un arbuste, puis d'essais en erreurs se met à inventer des processus de plus en plus complexes.

Pour inventer, l'esprit de l'homme utilise deux « manières de penser », l'une que l'on appellera logique et l'autre, que l'on peut appeler créative, qui se situe délibérément en dehors des chemins de la logique.

# Le chemin de la pensée logique

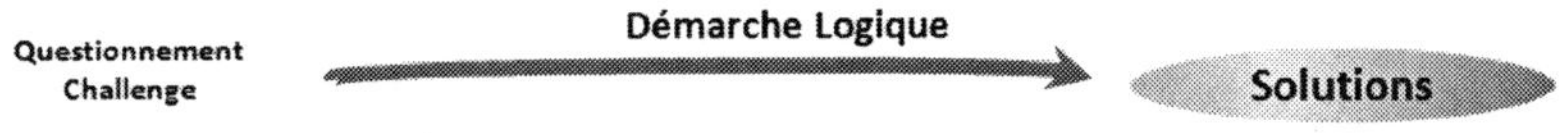


La démarche logique est celle qui procède par essais et erreurs. On tente une expérience avec une pierre, on essaie avec le suc d'un fruit, ça marche ou ça ne marche pas. On mémorise, on recommence. On élabore une hypothèse (et si... ?), puis on avance pas à pas, en enchaînant les expériences comme les pièces d'un puzzle : ça rentre ou ça ne rentre pas. C'est le propre de la démarche logique que d'enchaîner des causalités. C'est le principe fondamental de la rationalité où, comme Kant l'a exposé dans la *Critique de la raison pure*[1], on cherche à mettre de l'ordre dans le chaos du monde en utilisant le principe suivant lequel *« tout effet possède une cause, tout phénomène doit pouvoir s'expliquer rationnellement ».*
On verrouille chaque étape de la pensée par des clous qui la font tenir debout, par des enchaînements, comme les dents d'un engrenage, comme des crans qui permettraient à des plaques de tôle de s'ajuster pour faire un pont permettant de franchir le fleuve de l'incertitude.
Ces crampons de la pensée sont constitués de : *donc, par conséquent, parce que,* qui ancrent la pensée.
Dans la jungle des temps primitifs, comme dans le cerveau brumeux de chaque enfant, elles permettent de tracer des sentiers.
Par la suite, à force de passer par le même sentier neuronique, de synapse en synapse, les chemins de coordination s'imprimeront comme les traces de pas que l'on fait dans

[1] Emmanuel Kant, *Critique de la raison pure* (1781), PUF, 7e édition, 2004.

l'herbe fraîche et le cerveau gardera le souvenir pratique de ces cheminements de raison.
Au fil du temps, les hommes ont structuré la démarche logique comme un dogme religieux. *« Ne rien recevoir pour vrai qui ne soit évident »,* écrit en substance le père Descartes[2], *« diviser les difficultés jusqu''à pouvoir les résoudre* », « *conduire ses pensées par ordre en commençant par le plus simple* », « *supposer de l'ordre même où il n'en paraît pas* ».
La démarche logique s'est transformée en corps de pensée que l'on appelle la pensée scientifique, bien décrite par Claude Bernard dans son *Introduction à l'étude de la médecine expérimentale*[3] : *« Poser le problème, émettre des hypothèses, faire des expériences, décrire des résultats, interpréter, présenter des conclusions. »* L'itinéraire est parfaitement balisé.
La pensée logique est une merveilleuse conquête de l'homme, qui explique la plupart de nos inventions et à laquelle nous devons tout ce qui nous entoure, la machine à café et les centrales nucléaires, le vaccin contre la rage et le livre numérique, la pilule contraceptive et Google Earth, l'ordinateur portable et la pollution atmosphérique. C'est la pensée logique qui nous a sortis de l'obscurantisme, des superstitions et des croyances sans fondement. Elle a eu tout au long de l'histoire ses héros et ses martyrs, comme Giordano Bruno brûlé en place publique, et ses exploits héroïques qui nous ont conduits à vaincre des maladies et à aller sur la Lune.

Cela étant, la force et la puissance de la pensée logique, sa merveilleuse efficacité, son caractère rassurant ont eu tendance à occulter un mode de pensée différent, souvent opposé dans ses principes, mais complémentaire dans sa fonction.

---

[2] René Descartes, *Discours de la méthode* (1637), Livre de Poche, 1993.
[3] Claude Bernard, *Introduction à l'étude de la médecine expérimentale* (1865), Flammarion, 1966.

# Un autre chemin, la pensée créative

Il se trouve en effet que la pensée inventive logique cohabite avec une autre forme de pensée inventive, qui procède d'une autre manière et que l'on appelle la pensée intuitive, ou pensée créative, laquelle rappelle la *« pensée sauvage »* dont parle Claude Lévi-Strauss[4].

Deux modes de pensée que l'on pourrait représenter par deux itinéraires différents permettant de parcourir un territoire donné, ou peut-être par deux plans parallèles dans une sorte de géométrie dans l'espace, qui serait un espace non-euclidien et où de temps à autre les plans parallèles se rencontreraient. En fait, les deux plans se frottent, se touchent, se rejoignent, et les grandes inventions sont souvent nées à la suite d'une collision de ces planètes mentales.

La pensée logique à elle seule peut inventer, à la suite d'un raisonnement ; la pensée créative à elle seule peut inventer à la suite d'une « illumination intuitive », mais le plus fréquemment et de la manière la plus heureuse et la plus féconde, l'invention naît de la rencontre des deux modes de pensée.

C'est l'Américain Guilford qui en a fait la démonstration dans ses études théoriques et expérimentales sur l'intelligence. L'intelligence humaine n'est pas un facteur unique (le facteur « G » comme on le disait autrefois) ; elle est le résultat de la conjonction de différents facteurs[5]. Il se trouve que pour résoudre un problème, démontre Guilford, la seule pensée logique est à certains moments insuffisante ; elle a besoin de

---

[4] Claude Lévi-Strauss, *La Pensée sauvage*, Plon, 1962.

[5] Guilford distinguait cinq facteurs : mémoire, cognition, évaluation, pensée convergente, pensée divergente. Joy Paul Guilford, *Creativity, American Psychologist*, Volume 5, Issue 9, 1950. Joy Paul Guilford, *The Nature of Human Intelligence*, 1967.

faire appel à l'ensemble des facteurs, elle appelle au secours entre autres la pensée divergente, pour laquelle il inventera un nouveau mot : *« creativity »*.

C'est le moment où le savant, penché sur ses éprouvettes ou sur la suite interminable de ses équations dont il ne voit pas l'issue, se met à « décrocher » pour inventer.

Sur le plan anthropologique, comme l'écrit Lévi-Strauss[6] quand il décrit la *« pensée sauvage », « il existe deux modes distincts de pensée scientifique, l'un et l'autre fonction non pas de stades inégaux de développement de l'esprit humain, mais des deux niveaux stratégiques où la nature se laisse attaquer par la connaissance scientifique : l'un approximativement ajusté à celui de la perception et de l'imagination et l'autre décalé ; comme si les rapports nécessaires qui font l'objet de toute science, qu'elle soit néolithique ou moderne, pouvaient être atteints par deux voies différentes : l'une très proche de l'intuition sensible, l'autre plus éloignée »...*

*« Mais ne nous y trompons pas* [écrit-il] *: entre pensée scientifique et pensée mythique* [que nous assimilons à la pensée créative, ou intuitive], [...] ***il ne s'agit pas de deux stades ou de deux phases de l'évolution du savoir, car les deux démarches sont également valides. »***

[6] Claude Lévi-Strauss, *op. cit.*

# II. Les deux postures de la pensée créative

Revenons donc un instant sur la pensée créative pour mieux en saisir la différence.

La pensée créative a pour caractéristique de ne pas suivre la ligne droite des enchaînements dictés par la loi des causalités,

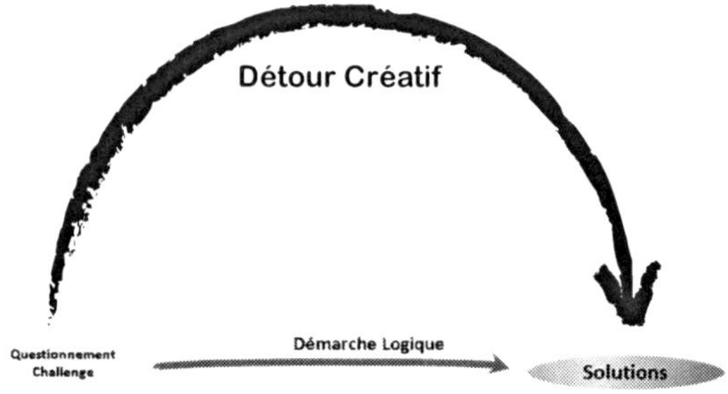


mais de faire un saut, un détour.
C'est une rebelle. Comme Christophe Colomb, elle part pour chercher les Indes à l'envers, quitte à découvrir un continent fabuleux qui n'est pas attendu.
Toutes les descriptions du processus créatif évoquent cette « sortie de route » avec des mots différents.
On dit, comme Koestler[7] qui emprunte cette notion à la psychologie animale, que l'on fait *« un détour »*. Ou bien comme Guilford que l'on *« diverge »*. Ou comme Souriau[8] que l'on *« pense à côté »*. Ou bien comme De Bono[9] que l'on emprunte une *« pensée latérale »*. Ou encore, comme l'écrit Anzieu[10] que l'on *« fait l'écart »*.
Toutes ces métaphores désignent bien le fait que l'on quitte les autoroutes de la pensée pour s'aventurer dans un terrain inconnu situé « à côté ».
Pour partir à côté, ce qui est imprudent, il faut éviter de réfléchir ; on ferme les yeux, on « diffère le jugement » comme le

[7] Arthur Koestler, *Le Cri d'Archimède*, Calmann-Lévy, 1994.
[8] Paul Souriau, *Théorie de l'invention*, Hachette, 1881.
[9] Edward De Bono, *La Boîte à outils de la créativité*, Editions d'Organisation, 2004.
[10] Didier Anzieu. *Le Corps de l'œuvre*, Gallimard, 1981.

recommande Husserl dans sa phénoménologie[11], pour découvrir la signification des choses directement par intuition. On régresse vers une forme de pensée enfantine, on redevient primitif, on dessine sur les murs. En faisant cela, on perd ses repères, on abandonne le fabuleux parachute que constituait la mécanique logique. Et l'on part à l'aventure en acceptant, pendant un temps, de ne pas savoir où l'on va. Souvent, parce que l'on a peur et que l'on se sent en déséquilibre, on voyage en groupe et on se tient par la main.

Pour effectuer ce voyage « à côté », on dispose de deux stratégies (ou comme nous le disons de deux « postures »), nées de l'expérience, ou transmises par les ancêtres, ou apprises dans des livres.

L'une rapide, pragmatique, plutôt ludique, où l'on court-circuite le raisonnement par la précipitation, que nous qualifions de « stratégie dynamique » ; l'autre, que nous nommons « stratégie sensible » où, à l'inverse, on effectue une plongée plutôt lente dans les remous de l'inconscient en suivant des circonvolutions improbables jusqu'à faire émerger des cailloux étranges que l'on regarde avec étonnement : minerais d'idées à raffiner.

Décrivons brièvement ces deux stratégies.

[11] Edmund Husserl, *Leçons pour une phénoménologie de la conscience intime du temps* (1905), PUF, 6e édition, 1996.

# La stratégie rapide, quantitative :

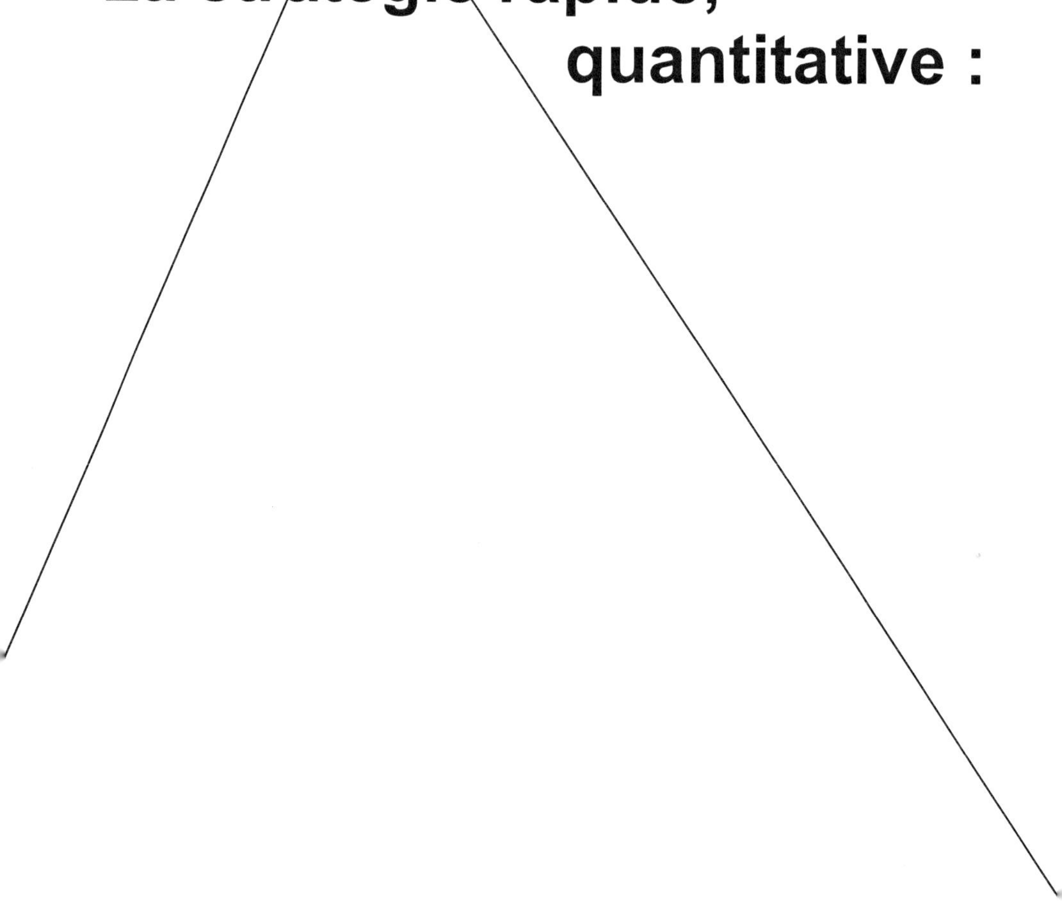

# la posture
# “dynamique”

# La stratégie rapide, quantitative : la posture “dynamique”, un moteur à deux temps

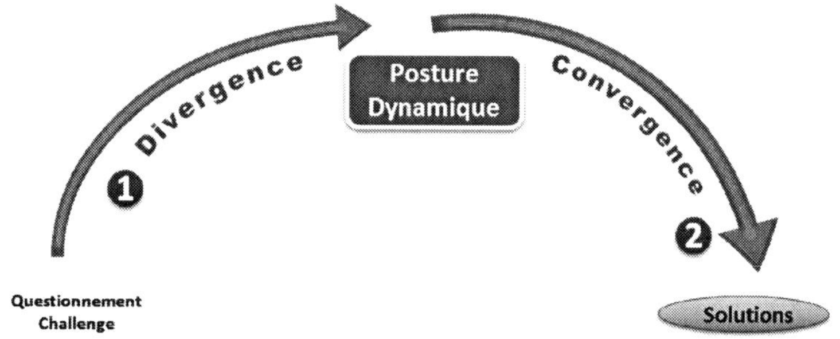


Aller très vite, à l’impulsion, sans réfléchir, ne pas laisser le temps à l’intelligence de faire le tri, ne pas laisser le temps à la rêverie de flâner, laisser courir les doigts très vite sur le piano ou le pinceau fuser brutalement sur le papier, c’est une stratégie pour surprendre la logique sans lui laisser le temps de souffler.

Cette posture, dans le domaine des idées, c’est celle qui correspond à la pratique que l’on appelle « brainstorming ».

C’est un mot presque trivial qui est « plombé » par son histoire. Il a connu historiquement une fortune extraordinaire et est aujourd’hui utilisé dans le monde entier. Il lui est arrivé la même aventure qu’au mot « frigidaire » : ils sont devenus génériques. N’importe où sur la planète, à Pékin comme à Denver, à Paris comme à Melbourne, si l’on sent qu’une discussion tourne en rond, qu’elle concerne un programme marketing ou l’organisation d’un tournoi de rugby, il y a un moment où quelqu’un lève la main et suggère : *« Et si on faisait un brainstor-*

*ming ?* » Sous-entendu, cessez de réfléchir, dites tout ce qui vous passe par la tête et on fera le tri ensuite.
Cet extraordinaire succès de l'appellation créée par Alex Osborn, devenue une marque de fabrique, présente des aspects positifs et des aspects négatifs.
Côté positif, il faut reconnaître qu'elle offre une nouvelle manière de se comporter en groupe à tous les hommes de la planète. Il y a un aspect « non-cogito ergo sum » dans sa démarche. En effet, elle affirme solennellement à tous les hommes qu'ils ont le droit légitime, de temps à autre et pour une durée limitée, dans le but de proposer des choses nouvelles, de « suspendre leur jugement », donc d'émettre des propositions éventuellement non rationnelles et à la limite tout à fait folles, ce qui, objectivement, favorise de manière indubitable la production de concepts nouveaux.
Le côté négatif est lié à cet extraordinaire succès. La mondialisation de la marque brainstorming a entraîné sa banalisation, sa déformation jusqu'à la caricature, voire la dérision, qui fait que l'on emploie aujourd'hui souvent le mot brainstorming pour désigner tout et n'importe quoi.
Pour parler du brainstorming raisonnablement, nous croyons qu'il faut distinguer les deux sens que l'on peut attribuer à ce mot : celui qui désigne un langage, ***« le langage brainstorming »*** ou langage associatif, et celui qui désigne ***« la technique brainstorming »***, qui décrit une technique spécifique parmi d'autres techniques utilisées pour produire des idées.

## Le brainstorming, un langage

**Le langage brainstorming** utilise la mécanique du langage associatif : *« Dites tout ce qui vous passe par la tête. »* C'est-à-dire qu'au lieu de relier les mots, les images, les concepts, suivant les lois de la grammaire qui proposent une structure, et les principes de déduction et d'induction de la logique où chaque information est liée à la précédente **par un lien de causalité objective,** ce qui entraîne la compréhension immédiate par les autres qui utilisent le même code (le mot « cuisine » évoque le concept de nourriture), ils peuvent être reliés entre eux par une mécanique **de contigüité subjective** (il se trouve que dans ma tête le mot « cuisine » est relié au mot « piano blanc », pour des raisons personnelles que je ne vous dirai pas). Les expressions spontanées dans le langage associatif se relient suivant un système de relation non-cohérent, non-logique, de manière aléatoire ou explicable par la géographie de l'inconscient de la personne, voire, à la limite, « à son insu ».

La règle de jeu associative n'est pas spécifique au brainstorming. C'est également la règle de base de la psychanalyse. Quand on s'allonge sur le divan pour la première fois, la première consigne du thérapeute est précisément : *« Dites tout ce qui vous passe par la tête, associez librement, vous pouvez dire des choses folles, ne vous critiquez pas, ne vous jugez pas. »* De ce fait, quand on fait une psychanalyse, on pourrait très bien dire : *« Je fais une cure thérapeutique en utilisant le langage du brainstorming »*, puisque les règles de langage sont les mêmes.

De la même manière, quand on fait passer un test de Rorschach, on invite le sujet à dire tout ce qu'il voit sur les taches d'encre, toutes les idées qui lui viennent en tête, c'est-à-dire à « parler en brainstorming ».

De même dans la plupart des techniques de créativité, les plus variées, les plus sophistiquées, on utilisera très souvent le langage brainstorming. Quand on cherchera des analogies, par exemple, on « parlera en brainstorming » pour en faire l'inventaire ; quand on utilisera des planches projectives figuratives ou abstraites, on « parlera en brainstorming » pour les commenter ; quand on fera naître les idées suivant la procédure de l'émergence, on « parlera en brainstorming ». Le langage brainstorming n'a rien de spécifique ; c'est l'application du principe général du langage associatif décrit par Jung, appliqué par Freud.

## Le brainstorming, une technique

Mais le brainstorming n'est pas seulement un langage, c'est aussi **une technique de production d'idées,** une méthodologie qui relève d'un principe original mis en œuvre par des recettes simples.
Pour empêcher les participants d'évaluer leurs propositions, de les juger, de peser le pour et le contre, de faire tourner leur langue dans leur bouche sept fois « avant de dire n'importe quoi », la technique brainstorming les incite à dire précisément n'importe quoi très vite « sans réfléchir ». **La rapidité** est la clé du brainstorming.

**Sa caractéristique, c'est le rythme « badam, badam » dans le tempo rapide d'un boogie.**

Le système du langage associatif peut être mis en œuvre sur un mode lent, chaque mot, chaque image, chaque idée prenant son temps pour sortir des brumes et s'élaborer par bribes. C'est le cas dans d'autres méthodes, telles que le rêve éveillé ou l'identification, mais pas dans le brainstorming. Ici, on joue au contraire sur le rythme, on bouscule les associations, on perturbe les réseaux neuroniques en allant plus vite que la musique d'une mélodie construite.
La caractéristique du brainstorming n'est pas liée au fait de différer le jugement ou d'associer librement (ces deux règles sont communes à toutes les démarches créatives, à tous les modes de détour) ; la caractéristique essentielle du brainstorming est liée **à la rapidité**, intrinsèquement associée à la production

quantitative. Ce principe a été énoncé pour la première fois par Guilford : *« Celui qui peut produire le plus grand nombre d'idées pendant un laps de temps donné a les plus grandes chances, toutes choses égales par ailleurs, de trouver parmi elles plus d'idées significatives. »*
Derrière ce principe il y a trois arguments : un principe statistique (les accidents créatifs obéissent à la loi des probabilités) ; un argument plus technique (en produisant un grand nombre d'idées on facilite un processus de connexions spontanées entre plusieurs stimulations) ; enfin la production quantitative rapide d'idées produit un « échauffement » de l'esprit (comme le disait Stendhal : *« J'ai besoin de trois à quatre mètres cubes d'idées par jour, comme une vapeur a besoin de charbon. »)*
On pourrait donc plutôt appeler la méthode brainstorming « la méthode rapide-quanti », plus précise que le mot brainstorming qui peut dans une définition large s'appliquer à d'autres processus. Nous l'appellerons[12] pour notre part la méthode « dynamique » pour signifier à la fois sa rapidité et son énergie.
Par analogie, dans le domaine de l'art, la posture dynamique fait penser au système d'écriture automatique de certains surréalistes. Ou aux impros rapides, brillantes, instantanées, du free jazz. Vite fait, bien fait, en rythme.
Le langage brainstorming peut s'appliquer à d'autres procédures de recherche d'idées que la technique brainstorming classique. Par exemple lorsque l'on décompose le problème en tous ses composants (une chaise est composée de pieds, d'un siège, d'un dossier, etc.), que l'on énumère toutes ses fonctions (se reposer, décorer, accueillir, etc.), puis que l'on déforme tous ces composants d'une manière « rapide-quanti » pour « casser le problème » et produire des propositions[13]. Ou lorsque l'on effectue une connexion forcée entre le problème et un élément

---

[12] Voir le livre de Guy Aznar et Stéphane Ely : *Ré-inventons, la démarche sensible de la créativité* (en cours d'édition, parution 2010).
[13] Technique SCAMPER développée par Alex Osborn et Sid Parnes, à l'origine du Creative Problem Solving ; ou encore technique de concassage développée par l'équipe Synapse et Guy Aznar dans les années 1970.

extérieur, voire des mots au hasard, comme le recommande De Bono, ou en utilisant un incident de laboratoire.

## La divergence et la convergence, les respirations créatives associées à la posture dynamique

### Temps 1 : la divergence

Dans tous les cas, on demande aux participants de produire « des idées ». Réalistes ou irréalistes, raisonnables ou folles, adaptées ou délirantes, peu importe. C'est un moment de divergence, qui, dans le brainstorming et le Creative Problem Solving dont Osborn et Parnes sont les initiateurs, a été décrit à travers les règles suivantes : *« Cherchez les idées originales, surprenantes, différez le jugement, cherchez la quantité, associez sur les autres. »*

Son objectif : « lister beaucoup d'options »[14].

La démarche est celle qui consiste à se laisser entraîner par le flot des associations libres, rapides, multiformes, de manière à casser les enchaînements automatiques, à déboussoler les itinéraires neuroniques. Mais elle mobilise moins intensément la fonction imaginaire, n'oblige pas à une implication profonde. Elle n'est pas véritablement projective. Elle ne fait pas appel à l'inconscient sauf par sauts rapides ou lapsus.

---

[14] Comme le rappelle Olwen Wolfe dans son livre, *J'innove comme on respire*, Editions du Palio, 2007.

## Temps 2 : la convergence

Dans un deuxième temps, on sélectionne les idées, bouts d'idées, propositions. Plusieurs techniques de convergence sont proposées dans le cadre du Creative Problem Solving. Des techniques d'évaluation (matrice d'évaluation), de tri, de regroupement (étincelles et regroupements), d'élaboration (P.P.C.O., la cible). La convergence décrite par Osborn et Parnes dans le cadre du Creative Problem Solving s'appuie sur les règles emblématiques suivantes :

Améliorer les idées : à partir d'une idée encore fragile, on peut diverger à nouveau, enrichir l'idée, regrouper plusieurs idées pour en consolider une.

Juger positivement : regarder d'abord ce qui est bon, positif dans l'idée, puis seulement ensuite aborder les critiques et les points négatifs, avec une volonté de construire.

Etre déterminé : savoir écarter les mauvaises pistes, mais surtout avoir vraiment l'envie de transformer chaque embryon d'idée en solution potentielle, avec la même énergie pour toutes les idées.

Chercher l'inédit (oser !) : creuser aussi les idées folles.

Rester en conformité avec ses objectifs : ne pas oublier de bien relire régulièrement le challenge créatif... car trop souvent une session de recherche d'idées aboutit à de belles idées qui ne répondent pas à l'objectif initial.

# Approche « dynamique »

## Les règles de la pensée créative

(Issues du CPS – Creative Problem Solving Osborn-Parnes)

### Pensée Divergente

***s'éloigner, produire…***

Lors de la phase de *Divergence*, au moment où l'on doit produire et noter les idées, il est indispensable de :

1. Différer le jugement
2. Chercher la quantité
3. Se lâcher…chercher les idées originales, surprenantes
4. Combiner, associer les idées
5. Tout noter

### Pensée Convergente

***Redescendre, rationaliser, améliorer…***

Lors de la phase de *Convergence*, vous devez veiller à :

1. Améliorer les idées
2. Juger positivement
3. Etre déterminé
4. Chercher l'inédit
5. Être en conformité avec ses objectifs

## Techniques emblématiques de la posture dynamique

Les grandes techniques emblématiques de l'approche dynamique peuvent être regroupées ainsi :

**Techniques associatives :** brainstorming classique, brain Post-it, brainwriting.

**Techniques de déstructuration :** décomposer, casser le problème, changer les fonctions, SCAMPER, matrice de concassage.

**Techniques de confrontation :** heurter, produire un choc, une rencontre entre deux champs, établir une matrice de confrontation, des connexions forcées.

## La posture dynamique : un moteur à deux temps

C'est la notion d'étapes qui est importante. La posture dynamique fonctionne comme un système de production créative **en deux temps : 1) on diverge, puis 2) on converge (on évalue, on trie, on juge).** C'est sa caractéristique principale, à la différence de la seconde posture que nous décrirons plus loin et qui s'éloigne vers un espace flou où se situe l'émergence de la création, en suivant un parcours **en trois temps.**

La posture « dynamique » (« rapide-quanti ») est une démarche de création qui produit des résultats souvent très probants. Elle est pratique d'utilisation, ne requiert pas une grande formation. Elle convient bien à certains problèmes, s'adapte bien à certaines circonstances, correspond bien à certaines personnes[15]. Tous les animateurs de groupes créatifs l'utilisent à certains moments.

Mais ce n'est pas la seule stratégie créative.

[15] Ces questions font actuellement l'objet de recherches.

# La stratégie floue, lente, intuitive :

# la posture "sensible"

# La stratégie floue, lente, intuitive : la posture “sensible”, un moteur à trois temps

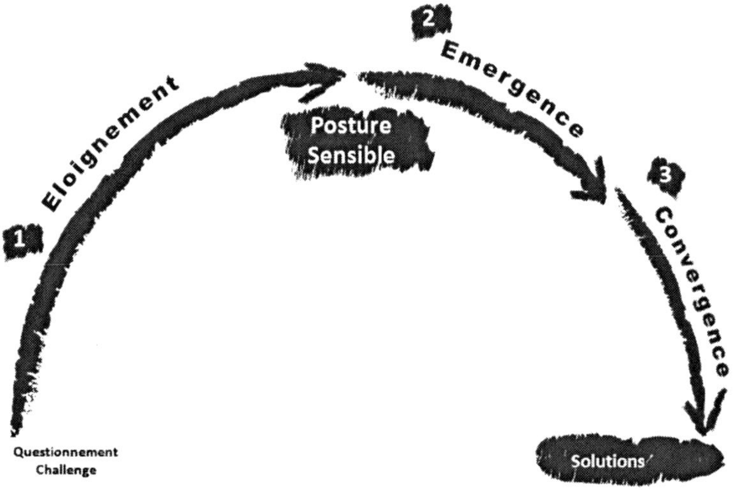


C’est une autre posture, lente, tâtonnante, intuitive, que nous appelons « posture sensible » pour signifier d’emblée son ancrage émotionnel. Elle suppose un entraînement, demande plus de temps, elle convient mieux à certains problèmes, à d’autres objectifs, elle est complémentaire de l’approche « dynamique ».

## Parler « petit vélo », le langage de l'approche sensible

Si le langage associatif est le langage générique du mode de pensée « créativité », cette langue n'est pas parlée de la même manière selon que l'on est dans la posture dynamique, symbolisée par la technique brainstorming, ou dans la posture sensible, symbolisée par une procédure d'immersion dans les images, que nous appelons entre nous d'un nom de code : le « petit vélo » [16].

Dans la posture dynamique, nous l'avons dit, le langage est caractérisé par la rapidité, l'énergie, la quantité d'émissions des idées.

Dans la posture sensible, à l'inverse, il est caractérisé par la lenteur. Il ne s'agit pas de produire immédiatement des idées, mais d'abord des sensations ou des images. Lente progression des images, qui se dévoilent comme le faisaient autrefois les négatifs photographiques plongés dans le bain du révélateur. La règle du jeu est l'immersion dans l'imaginaire, immersion collective d'un groupe qui peu à peu laisse se durcir les idées floues et les transforme en mots. *« Imaginez devant vous un objet... »* et l'on attend que l'objet apparaisse. La consigne n'est pas de raconter une histoire imaginaire, n'est pas de dire ce que l'on imagine de cet objet, mais de « le voir » se révéler. La règle est d'exprimer à haute voix des morceaux d'images entraperçus, qu'un autre participant va saisir au vol s'il les voit, puis les transformer, puis les passer à nouveau à un autre dans le climat d'imagination flottante d'un groupe. On ne provoque pas l'image, on attend qu'elle se construise lentement devant soi, presque malgré soi, qu'elle se solidifie par la parole.

---

[16] On utilise l'expression « petit vélo » pour des raisons historiques. Au cours des premières séances d'entraînement à cette forme de langage, il nous est arrivé souvent de prendre pour thème d'exercice : *« Imaginez un petit vélo.»* Depuis, cet exemple est devenu emblématique.

Plus tard, on fera la même chose avec les idées. On attendra qu'une ébauche d'idée germe sous les mots à la suite d'un exercice projectif, qu'elle se dévoile, pour que le groupe s'en empare et construise une idée plus forte.
C'est l'exercice basique de la posture sensible auquel nous entraînons les groupes à leur début, comme on apprendrait une langue nouvelle avant de visiter un pays inconnu.
Nous appelons la pédagogie de cet exercice du nom de code « le petit vélo » parce que c'est l'exemple symbolique que nous avons pris souvent dans les séances de formation et que ce nom est devenu emblématique.
*« Imaginons un vélo d'enfant, un petit vélo... »... « Ah oui, je le vois... il est rouge... »... « Oui, posé contre un trottoir... »...* et le groupe s'envole vers son voyage collectif quasi hypnotique.
Plus tard, en phase de production, on dira selon le cas, *« pour cet exercice on parle brainstorming »* ou *« on parle petit vélo »*, et tout le monde comprendra quelle règle de langage il faut appliquer.

**Une fois le langage bien intégré, on peut emprunter le parcours sensible.**

Ce qui le caractérise, à la différence du parcours dynamique, c'est d'être un parcours plus long, comportant un éloignement plus important puisqu'au lieu de produire directement des idées, on intercalera des étapes supplémentaires. De ce fait, il ne s'agira pas seulement d'un parcours en deux étapes (divergence, convergence), mais d'un parcours en trois étapes :

**1) L'éloignement vers l'espace de l'imaginaire,** la libre expression de l'inconscient, à mi-chemin du rêve et de la pensée éveillée (on transpose le problème dans l'imaginaire).

**2)** L'exploration de l'espace spécifique de naissance des ébauches d'idées que nous appelons la **« zone d'émergence »** (on rapproche cet imaginaire des contraintes posées pour faire émerger des pistes d'idées, des idées vagues, floues, imprécises).

**3) La traduction ou l'approfondissement de ces pistes vagues** en idées solides dans un **« temps de convergence »** ; elles seront plus tard soumises au filtre du jugement et de l'évaluation pour devenir des solutions.

Pour explorer ces espaces, on sera amené à utiliser des règles de fonctionnement différentes du système « rapide-quanti », des règles telles que : « retarder l'écriture », « rechercher le flou », « encourager la lenteur », que nous allons évoquer brièvement.

Exemple (à partir de W. J. J. Gordon, *Stimulation des facultés créatrices dans les groupes de recherche par la méthode Synectique*, Editions Hommes et Techniques, 1965, épuisé.)

**Le problème :**

Résoudre un problème d'instrumentation pour le ministère de l'Aviation. Suite à des accidents, inventer un cadran permettant d'éliminer les erreurs de lecture et l'erreur mécanique.

**L'imaginaire**

Le sujet fait une identification (extraits d'une longue identification) : « *Je suis un ressort de l'altimètre... je me distends... je me contracte... je suis étiré, puis comprimé... ça me serre... quelqu'un me tient par les pieds, on me torture... l'idéal serait un cadran sans rouages... il ne faut pas que je cherche une solution, je dois oublier... concentrons-nous... je suis un ressort, je me laisse détendre, puis tendre, c'est pénible...* »

**L'émergence**

*« Il faudrait un cadran sans rouages, pour bouger l'aiguille sur le cadran comment faire sans ressort... si c'était un déplacement linéaire, sur une bande... si j'étais un ressort grand comme une maison... et que je m'y accroche allant et venant avec lui... tiens, si je mettais une goutte d'encre sur le ressort... quand il se tendra la goutte se déplacera à l'intérieur, et vers l'extérieur quand il se détendra... si je mets une tache d'encre sur le ressort et que je le comprime elle décrit un arc qui est exactement la bande qu'il me fallait. »*

**L'approfondissement**

A la suite de cette phase, production de plusieurs schémas, puis de plusieurs maquettes permettant d'expérimenter des solutions avec des experts.

# L'éloignement, l'émergence, la convergence : les trois respirations créatives spécifiquement associées à la posture sensible

## Temps 1 : l'éloignement vers l'imaginaire

Le mot « éloignement » évoque une distance par rapport à un niveau de référence qui est la pensée consciente normale parcourue avec des outils logiques. « Éloignement » s'associe à « prendre du recul », comme un peintre qui s'éloigne du chevalet. « Eloignement » s'associe à voyage, non pas voyage dans la banlieue du réel comme on le fait dans une démarche rapide, mais voyage vers un autre continent, une autre planète, vers l'inconnu, pour une plus longue durée. Dans le schéma où l'on oppose l'imaginaire au réel, l'irrationnel au rationnel, l'illogique à la logique, la folie à la raison, le mot « éloignement » suggère « aller plus loin » : rompre les amarres, perdre pied, s'élancer vers ces territoires mal connus.

Au lieu d'éloignement on aurait pu parler de « profondeur » et dire que l'on plonge vers les eaux souterraines de l'imaginaire ou dans le gouffre de l'inconscient. Mais le mot « éloignement » évoque davantage la vertu de l'envol vers l'imaginaire dont parle Bachelard[17].

On ne se contente pas de la « divergence », on ne se contente pas de suspendre le jugement, on ne court-circuite pas la mécanique rationnelle par la rapidité ; le fond des choses est que l'on cherche à se mettre dans un état psychologique différent.

On se laisse aller comme dans ces états de rêverie où, les yeux mi-clos, les images défilent malgré soi, où les mots ricochent l'un sur l'autre, où la pensée flâne et divague.

[17] Gaston Bachelard, *L'Eau et les rêves*, Poche, 1993 ; *L'Air et les songes*, Poche, 1992 ; *La Psychanalyse du feu*, Poche, 1985 ; *La Terre et les rêveries de la volonté*, Corti, 1945.

On accepte de perdre le contrôle raisonné, sage et conscient de ce que l'on dit, de ce que l'on dessine, donc on accepte la mise en œuvre de données inconscientes.

Attention, l'objectif n'est pas de mettre à jour en public son intimité, de dévoiler ses secrets personnels soigneusement enfouis. Nous sommes dans un groupe de créativité et non dans une séance de psychanalyse. De même qu'un artiste va convertir son imaginaire secret en une œuvre d'art qui seule sera exposée publiquement, de même le créateur d'idées va convertir son imaginaire privé en idées naissantes. De son voyage, il va nous rapporter une idée. C'est l'idée qui nous intéressera, non l'itinéraire suivi pour la produire, et peu nous importe de connaître les méandres qu'il a suivis.

# L’éloignement

# Éloignement

*S'éloigner vers l'imaginaire, puiser dans son stock inconscient*

**Les grands principes en phase d'éloignement :**

1. Rechercher la lenteur
2. Lâcher-prise, associer lentement par images
3. Partager des intuitions vagues, de nouvelles sensations
4. S'immerger dans les images mentales
5. Ne rien chercher, s'inspirer

## Pourquoi vouloir puiser dans l'inconscient ?

Non par indiscrétion, mais parce qu'il recèle un stock considérable d'informations, d'images, de sensations, enfouies plus ou moins profondément depuis notre naissance et peut-être même avant. C'est une véritable malle au trésor !
Comme le mot l'indique, ces informations ne sont pas présentes à la conscience en temps normal, à la fois parce que l'on n'en a pas besoin tous les jours (à quoi bon s'encombrer...), et parce qu'à l'image de vieilleries rangées dans une malle du grenier, elles sont empoussiérées, oubliées, défraîchies. Sans parler du fait que, pour certaines, elles sont volontairement mises au rebut, refoulées, associées à de mauvais souvenirs.
Or ces milliards d'informations rangées dans le cerveau profond constituent le matériau de base de nos futures créations ; les faire « émerger », les mettre en lumière est primordial, c'est la matière vive de la création.
Dire que l'on s'éloigne de la pensée consciente signifie que l'on se rapproche de l'état de rêve dans lequel la production cérébrale est dirigée par des règles incontrôlées inconscientes.
Nous disons bien se rapprocher et non fuir dans le rêve, car ce que nous cherchons à atteindre, ce n'est pas l'absence, c'est une présence-absence, c'est un état intermédiaire entre le rêve et la réalité. Nous voulons à la fois fuir les contraintes et ne pas les oublier, oublier la réalité mais y penser sans cesse ; nous voulons à la fois être ailleurs et être là : c'est la gageure incroyable de la situation de création.
On peut avoir une bonne approximation de cet état étrange en pensant à ces situations où l'on se réveille le matin, sortant d'un rêve que l'on voudrait garder en mémoire alors que les sollicitations du réveil qui sonne nous ramènent aux contingences du jour. C'est le moment où l'on cherche à préserver le rêve le plus longtemps possible, les yeux fermés de peur qu'en les ouvrant

il ne s'évanouisse (ce qu'il fait d'ailleurs souvent). C'est le moment du repérage des formes inconscientes qui disparaissent au fur et à mesure comme des ombres lorsque l'on veut les saisir, et que l'on s'efforce de laisser flotter le plus longtemps possible. On dit parfois que les idées viennent la nuit : rien n'est plus faux. Elles viennent à ce moment précis, « entre chien et loup », entre le demi-sommeil et le demi-réveil, dans cet état où les lambeaux de rêve flottent dans la tête tandis que le problème qui vous obsède se rappelle à votre souvenir.

Cet état intermédiaire, cette zone floue, aux contours vagues où l'on ne sait pas très bien où l'on est, Graham Wallas[18] le désigne en utilisant l'expression de *« fringe consciousness »*, le mot « *fringe* » pouvant se traduire par « la frange » de la conscience, « la lisière », ou également, une zone « en marge », ou encore « marginale ».

La caractéristique du rêve est la possibilité de modeler la réalité ; on peut modeler les objets réels au gré des fantasmes : la voiture, la chaise, le meuble, se transforment par une simple pression psychique, ils coulent, ils changent de forme, de couleurs, ils entrent dans un vase et s'en échappent comme les nuages de la lampe d'Aladin. Ou comme on le fait avec les trucages d'images numériques avec lesquelles on joue à l'infini.

Il s'agit d'utiliser cette faculté du rêve pour modeler également la réalité.

*« Au moment de l'inspiration* [écrit Ehrenzweig[19] à propos du créateur]*, la réalité lui parait intensément malléable et plastique* [...]. *Son privilège consiste à savoir combiner l'ambiguïté du rêve avec les tensions d'une conscience pleinement éveillée. »*

Voilà l'arme secrète de la création : disposer de suffisamment de flexibilité (voilà le mot clé) pour pouvoir modeler la réalité au gré de ses fantasmes. Savoir naviguer dans cet espace de compromis où l'esprit flotte sans cesse « entre deux eaux »,

---

[18] Graham Wallas, *The Art of Thought*, Watts, 1946, épuisé.
[19] Anton Ehrenzweig, *L'Ordre caché de l'art*, Gallimard, 1982.

dans un état semi-conscient cherchant à mettre en relation deux matrices *« bissociées »* comme l'écrit Koestler[20], en tentant de les rapprocher par un lent frottement pour essayer de trouver des points de rencontre que l'on va appeler « idée en gestation », « idée naissante ».
Tout le talent du créateur consiste à « faire la navette » entre ces deux registres, à disposer d'une flexibilité suffisante lui permettant faire des allers et retours entre le flou et le dur.

Si l'on repart trop facilement vers l'imaginaire par plaisir du jeu associatif, sans se donner aucune contrainte, on n'est pas créateur, on reste dans le plaisir de l'expression imaginaire.
Si l'on revient trop vite par impatience à l'idée finalisée, précisée, on risque d'être trop banal, peu novateur, prisonnier des contraintes.

L'idée nouvelle n'est pas un imaginaire qui se disperse dans un jeu associatif semblable à une fumée, mais n'a pas pour ambition, à l'inverse, de devenir trop tôt un superbe objet. Elle est « entre-deux ». Cet « entre-deux », c'est très précisément le lieu du symbolique, dont la définition est d'être un point de liaison entre l'imaginaire et la réalité. C'est ce territoire de la naissance des idées que nous avons baptisé le territoire **« d'émergence des idées »**[21], espace sensible comme la note sensible dans la musique, que l'on appelle également « la note bleue » (*the blue note*). *« Entre l'ordre et le désordre, règne un moment délicieux »* écrivait Paul Valéry[22]. Décrivons-le un instant.

---

[20] Arthur Koestler, *Le Cri d'Archimède*, Calmann-Lévy, 1960.
[21] « L'émergence des idées », exposé des auteurs dans le cadre du certificat universitaire de formation à la créativité, université Paris-Descartes, 2009.
[22] Paul Valéry, « Préface aux *Lettres Persanes* », *Variété II*, Gallimard, 1930.

## Temps 2 : l'espace d'émergence des idées

Un créateur d'idées en phase d'émergence a devant lui une tâche complexe qui consiste à faire se superposer deux ordres étrangers l'un à l'autre, l'ordre du rêve et celui de la réalité contraignante du problème qu'on lui a posé.

Il y a un conflit entre deux genres de formes, deux visions, comme une pièce de puzzle que l'on essaierait de faire entrer dans les creux du jeu placé devant soi, se demandant si elle ne provient pas d'un autre puzzle.

C'est précisément de cette confrontation, que nous appelons processus de « croisement »[23], que va naître la qualité de l'œuvre d'art, l'originalité de l'idée.

Le principe du croisement, c'est celui du conflit et c'est ce qui justifie que l'on utilise l'expression de « croisement » (comme on croise les épées dans un duel) pour illustrer cette rencontre dialectique[24] entre l'imaginaire et le réel, la rencontre forcée qu'il faut établir entre le stimulus imaginaire que l'on a produit et les contraintes, entre le flou des idées vagues qui s'ébauchent et la dureté de la réalité, entre le désordre et l'ordre.

Ce conflit, c'est également la tendance subjective à réorganiser les informations suivant un ordre psychologique **interne** (celui de mon inconscient) et le besoin de résoudre un problème **externe** à la personne, posé par un client.

---

[23] La notion de « croisement » a été présentée pour la première fois par Guy Aznar dans son livre *La Créativité dans l'entreprise*, Editions d'Organisation, 1971.

[24] Au lieu de dialectique on pourrait dire « dialogique » pour parler comme Edgar Morin. La « dialogique » selon lui est *« l'unité complexe entre deux logiques, entités ou instances complémentaires, concurrentes et antagonistes, qui se nourrissent l'une de l'autre, mais aussi se complètent et se combattent »*. Dans la dialogique selon Morin, *« les antagonismes demeurent la force motrice des phénomènes complexes tandis que la dialectique hégélienne dépasse les contradictions par référence à une unité supérieure »*. Edgar Morin, « Le complexus », *La Complexité, vertiges et promesses*, éditions Le Pommier, 2006.

*« Le développement d'images nouvelles dans l'art et de concepts nouveaux dans la science se nourrit de deux principes structuraux opposés »*, écrit Ehrenzweig[25].

Dans notre cas, le créateur d'idées, pour mettre en relation la forme vague qui s'ébauche dans sa tête avec les contraintes du problème posé devant lui, doit procéder en douceur, avec précaution. Comme un artisan d'art, le créateur d'idées doit faire couler la forme vague qui s'ébauche dans sa tête dans le moule du problème posé devant lui.

Il doit laisser les contraintes du problème « affleurer » l'imaginaire, on pourrait presque dire « caresser l'imaginaire », car une rencontre violente deviendrait vite un jugement cassant : « Ce n'est pas possible, cela ne se peut pas. »

« Transformer en positif », c'est la règle d'or du croisement. Ce n'est pas occulter la critique, mais c'est la transformer en point d'appui pour trouver une solution.

Dans la pratique, la trajectoire du croisement est comparable à la descente de marches d'escalier, il faut procéder pas à pas. Chaque marche constitue en fait une nouvelle recherche d'idées.

Le créateur d'idées sensibles doit visualiser d'une manière globale son « stock » d'informations conscientes et inconscientes pour entrevoir les choix qui s'offrent à lui. Stock considérable, océan d'informations dans lequel il est facile de se noyer.

Après avoir survolé le territoire, il lui reste à y déceler des formes, comme ces traces archéologiques que l'on ne peut voir que depuis un avion.

Utilisons une métaphore : pensons à une image décomposée en points qui apparaissent par grossissement.

Les mécanismes mis en jeu pendant l'éloignement imaginaire ont eu pour fonction de décomposer la structure du problème en millions d'informations, comme des millions de points qui flottent en l'air dans un nuage indifférencié.

---

[25] Anton Ehrenzweig, *op. cit.*

Avec tous ces points, comment inventer une nouvelle image, une nouvelle forme (c'est-à-dire une nouvelle idée) ?
L'esprit créatif doit considérer une multitude de choix, survoler et détecter dans cet univers chaotique des formes nouvelles.
Comme l'écrit Henri Laborit[26] : *« Ce qui caractérise l'espèce humaine, c'est le fait de posséder dans son cortex des outils lui permettant de réaliser des formes nouvelles à partir du stock mémorisé dans son paléo-encéphale, responsables de la découverte de solutions neuves. »*
La même stimulation imaginaire, le même dessin, le même rêve peuvent générer un grand nombre d'idées.
D'où l'intérêt de rechercher le plus longtemps possible dans cette phase d'émergence, des « fantômes d'idées floues », des idées non finies, des pistes à explorer.
D'où l'intérêt de maintenir en activité le plus longtemps possible le moteur de l'émergence qui balaie inlassablement le champ à la recherche d'une forme (c'est-à-dire d'une idée), puis d'une autre, sans s'arrêter à la première, ni à la seconde, sans s'arrêter à la plus belle, poursuivant sa cueillette d'idées qui seront plus tard posées sur un établi pour être triées.

---

[26] Henri Laborit, *Eloge de la fuite*, Robert Laffont, 1976.

**Le meilleur créatif, c'est celui qui parvient à laisser flotter son instinct de cueillette un peu plus que la normale, celui qui diffère les idées un peu plus que les autres.**

Faire émerger, c'est utiliser la vision inconsciente pour prendre du recul, chercher des signes, déceler des pistes. Pas de cartes, pas de routes, la seule solution consiste à naviguer à l'intuition, c'est-à-dire à la sensibilité : « Je sens », « je sens »...
En phase d'émergence, on se trouve dans la même situation qu'un chasseur à l'affût, qui progresse à l'aveugle dans une forêt inconnue en suivant des pistes vagues, des indices, pour dénicher l'oiseau rare.
« Faire l'affût des idées », c'est d'ailleurs l'une des techniques que nous utilisons dans les groupes créatifs en phase d'émergence.
Il s'agit à ce stade de considérer la production effectuée pendant la phase d'éloignement (rêve éveillé, identification, etc.), avec un regard de chasseur à la recherche « d'indices d'idées ». On réécoute l'enregistreur numérique (sur lequel le contenu produit en éloignement a été enregistré au fur et à mesure), prêt à l'arrêter à chaque fois qu'un participant aura isolé à l'intuition une piste (une idée, une phrase, un mot). On les laisse écouter les yeux fermés, allongés sur le dos, on les laisse explorer une multitude de « croisements ». A un moment donné, quelqu'un va s'écrier : *« Stop, je sens une piste ! »* Alors on fait bloc autour de lui pour le soutenir, pour l'aider à suivre son intuition, comme des joueurs de rugby épaules contre épaules. On note l'ébauche d'idée qui s'exprime, on la reprendra plus tard, puis on repart à la recherche d'un autre stimulus imaginaire.
Pour explorer l'espace de l'émergence, nous avons été amenés à mettre au point des règles de fonctionnement différentes de celles qui sont utilisées dans la posture dynamique.

**Différer les idées**

L'expérience montre que l'espace que nous venons de décrire, cette zone intermédiaire entre l'imaginaire et le réel, est une zone d'inquiétude où les participants sont en déséquilibre, ce qui les conduit généralement à se précipiter le plus vite possible sur « une idée ». Produire une idée, c'est produire un objet dur, solide comme une bouée de sauvetage, qui permet de ne pas se noyer dans cette incertitude où l'on se sent à moitié emporté par son inconscient et à moitié jugé par la terre ferme.

Mais vouloir définir l'idée trop tôt tue l'idée. Vouloir figer tout de suite les formes évanescentes, vagues, en mouvement, interrompt leur fluidité, leur « coupe la parole » si l'on peut dire. C'est le moment où l'idée qui va naître est à peine entrevue alors que l'on est encore à moitié dans l'évasion divergente, alors que le processus de croisement avec les contraintes est à peine entamé, la réalité à peine effleurée.

De même que l'obligation d'écrire le rêve au réveil sur un cahier ne permet plus au rêve d'évoluer, l'incitation à écrire trop vite l'idée à peine naissante amoindrit sa richesse, alors qu'il faudrait donner du temps à son élaboration en restant dans le registre de la sensation avec des phrases commençant par « Je sens quelque chose », « J'ai l'intuition de quelque chose », « J'ai un feeling vague », « Je sens... je sens »...

De plus, le fait de convertir trop vite un matériau imaginaire en idée le fige, diminue le champ des possibles. Le même support imaginaire, ce dessin, ce morceau de rêve qui m'a impressionné et que j'ai en tête, recèle potentiellement plusieurs idées et non une seule ; il y a parfois une mine d'idées dans un seul stimulus imaginaire. Le fait d'annoncer la réponse trop vite, d'afficher l'idée gagnante en pleine lumière, écarte les autres.

Si le saut entre le matériau brut de l'imaginaire et la production d'idées est trop brutal, il ne permet pas de saisir la naissance de cette idée qui est précédée par des « avatars » : une

ébauche d'idée, une piste d'idée, un fantôme d'idée, caractéristiques de la phase d'émergence.
D'où l'importance de retenir le processus, en faisant comme au cinéma un ralenti sur ce moment de la naissance.
C'est le point principal, essentiel, la règle de base de la phase d'émergence.
Si la stratégie dynamique s'est construite à partir du dogme **« différer le jugement »** (à juste titre d'ailleurs puisque c'est l'absence de jugement qui permet l'explosion de la divergence), la caractéristique de la phase d'émergence est le dogme du **« différer les idées »**.

**Parler par métaphores, ou encore avec poésie**
La règle du « différer les idées » n'est pas simple à intégrer. Nous sommes habitués aux règles du brainstorming : produisez des idées, le plus vite possible, sans réfléchir, dans la quantité vous trouverez la qualité, etc.
Le principe du « différer les idées » nécessite donc un entraînement, une justification, une démonstration, afin d'être bien intégré. L'une des solutions consiste à entraîner les participants à parler par métaphores. On se sert de la métaphore dans ce cas non pas pour diverger, mais pour traduire une idée tellement floue qu'elle a du mal à être formulée clairement : *« Cela me fait penser à un ensemble de roues, de poulies, de fluides »*, dit Maxwell pour évoquer les équations du champ magnétique ; *« On dirait que les particules sont portées par des ressorts »*, dit Planck pour évoquer le rayonnement de cavité ; *« On dirait un serpent qui se mord la queue »*, écrit Kekulé sortant d'un rêve qui le conduit à inventer la structure de la molécule du benzène (on peut encore penser à Einstein s'imaginant chevaucher un rayon de lumière pour mieux expliquer ce qui se passe à 300 000 km/s).

La métaphore, ou encore une description poétique, sont des manières de traduire son idée naissante sans la casser trop tôt par une description formelle. De plus, elle permet aux autres « d'entrer dedans » sur le même registre et de la comprendre intuitivement.

**Rechercher les idées floues et imparfaites**[27]

Ne demandez jamais (dans ce contexte de la phase d'émergence) aux membres d'un groupe de créativité de produire des idées finies, claires, précises. Demandez-leur plutôt de produire « des morceaux d'idées », des bouts d'idées, des fantômes d'idées, des ébauches d'idées, de vagues idées encore floues. D'abord parce que personne n'a jamais en tête une idée complètement finalisée, prête à l'usage. Mais surtout parce que l'exigence de proposer des « idées finies », c'est-à-dire des concepts clairs, obligerait à faire fonctionner son jugement en permanence, à évaluer, à finaliser. Comme un désigner qui présenterait des maquettes tellement finalisées, tellement belles à regarder que l'on n'oserait plus les faire évoluer.
Alors que ce qui nous intéresse c'est, au contraire, d'explorer une zone intermédiaire, à mi-chemin de l'ombre et de la lumière.
*« La courbure sans défaut d'une idée "finie" évoque une surface polie et impénétrable… elle ne peut être que vraie ou fausse… elle ne se prête plus aux retouches… à l'inverse, des ébauches d'idées dont les surfaces sont mal dégrossies, avec des failles offrent prise à des interventions créatives… »*[28]

[27] Notons que deux animatrices de créativité (Guillemette Goglio et Mathilde Sarré-Charrier) ont réalisé un travail de recherche sur cette notion de flou et de lenteur dans la phase d'émergence (en lien avec l'exposé proposé par les auteurs en 2009 au cours des journées théoriques du certificat universitaire de formation à la créativité). Leur travail a donné lieu à un mémoire dont le résumé se trouve sur le site Internet de Créa Université (www.crea-univ.fr).
[28] Didier Anzieu, *Le Corps de l'œuvre*, Gallimard, 1981.

**Rechercher, préserver la lenteur**

Dans son livre *Hare Brain, Tortoise Mind, Why Intelligence Increases When You Think Less*[29], Guy Claxton identifie deux modes de fonctionnement du cerveau qu'il nomme *« la pensée rapide et la pensée lente ».*

*« La première est rationnelle* [écrit-il], *analytique, linéaire, logique. Elle opère quand nous agissons sous pression, quand nous avons peu de temps.*

[...] *La pensée lente est intuitive, primitive et créative. Elle entre en jeu quand toute pression a disparu et que nous avons le temps de laisser les idées en veilleuse* ***émerger à leur rythme.*** *Les scanners montrent que ces deux modes de pensée produisent différentes ondes cérébrales (ondes alpha et thêta plus lentes en mode de pensée lente et ondes bêta plus rapides en phase de pensée rapide)... »*

La posture dynamique valorise plutôt la production rapide associée à la production quantitative. C'est une procédure tout à fait justifiée. La production rapide casse les velléités de jugement, ne laisse pas de temps pour évaluer, favorise un jet associatif continu. Elle est indispensable en divergence...

Mais en phase d'éloignement et d'émergence, à l'inverse, la lenteur a une fonction. Elle donne le temps de se laisser flotter dans les méandres de l'imagination, de rêvasser à la recherche d'une forme que l'on a entrevue sans avoir le temps de la saisir. C'est un état proche de celui de la méditation qu'Anzieu[30] nomme *« le saisissement créateur »* :

*« Il y a un aspect caractéristique du saisissement créateur, c'est le sentiment d'un flottement des limites séparant les différents niveaux... »*

---

[29] Guy Claxton, *Hare Brain, Tortoise Mind, Why intelligence Increases When You Think Less* (*Intelligence de lièvre, cerveau de tortue, pourquoi l'intelligence s'accroît quand on pense moins*), Fourth Estate, Londres, 1997.

[30] Didier Anzieu, *op. cit.*

La lenteur facilite un état d'attention diffuse que l'on peut définir comme « l'aptitude à mettre tous ses sens aux aguets ». Dans cette phase intermédiaire, on fait tourner virtuellement des configurations d'informations, d'images, d'ébauches d'idées, fragiles, éphémères, que l'on ose à peine nommer. Souvenons-nous des kaléidoscopes, ces jouets d'enfants que l'on fixait à son œil pour voir se dessiner des myriades de fleurs colorées. Puis, d'un léger geste, on faisait tourner le tube en carton et une autre fleur apparaissait, à la fois semblable et différente, d'une autre couleur, d'un autre style. Ainsi se composent et se recomposent les configurations d'idées naissantes.
Une recherche d'idées fait parfois penser à une intrigue policière : on sent que l'on tient les fils, on a relevé des indices, on suit une piste, puis, soudain, tous les éléments du champ perceptif s'organisent et l'on voit apparaître le profil d'une idée. Nous sommes des « profilers » en idées...

# L'émergence

# Émergence

*Laisser apparaître, remonter les idées…*

**Les grands principes en phase d'émergence :**

1. Différer les idées, retarder l'écriture
2. Parler par métaphores, avec poésie
3. Rechercher les idées floues et imparfaites
4. Préserver la lenteur

## Temps 3 : la convergence « sensible »

Enfin, les idées ont émergé ; il reste à leur faire suivre le parcours de la convergence. La phase de convergence « sensible » est une phase très proche de la phase de convergence « dynamique ». Cependant, la nature des idées qui émergent dans la posture sensible demande une approche souvent plus minutieuse, ralentie, afin de garder la subtilité, la charge imaginaire, l'originalité implicite qui peut se cacher derrière l'embryon d'idée qui vient juste d'émerger[31].

Au lieu de regrouper les idées en ensembles (appelés « clusters ») suivant des thèmes cohérents, logiques, comme on le fait dans une procédure dynamique, on procède ici différemment :

- On peut faire des regroupements suivants des critères subjectifs, intuitifs[32] (voir fiche regroupement intuitif) ;
- On peut saisir à la volée une idée, sans chercher à la regrouper avec d'autres (voir fiche étincelles et regroupements dits « à la volée ») ;
- On peut enrichir un filon d'idées en l'explorant d'une manière imaginaire, en utilisant le langage « petit vélo » (voir fiche enrichissement sensible).

---

[31] Nathalie Portolan, dans le cadre de son mémoire à Créa Université, a travaillé sur une analyse des différents regroupements et *clusterings* en fonction des approches choisies. Elle suggère que la phase de *clustering* « sensible » soit particulièrement ralentie afin de préserver la richesse potentielle des idées émergentes.

[32] Isabelle Jacob décrit par exemple la technique de la « sélection coup de cœur » dans un article publié dans la newsletter Créa-france de novembre 2009.

## Techniques emblématiques de la posture sensible

**Techniques projectives :** identification ; projection sur des collections d'images abstraites, sur des supports figuratifs, sur des formes vagues, sur des collections de supports symboliques, sur des dessins spontanés, sur un catalogue personnel affectif, sur des collages liés au sujet ou non, sur des photos instantanées, sur l'environnement naturel ou urbain, etc.

**Techniques graphiques :** expression graphique ; dessins individuels ; dessins collectifs ; fresque ; modelage ; construction d'objet (maquette, sculpture) ; photo ; collage ; etc.

**Techniques oniriques :** rêver la solution idéale ; faire le vide, méditer ; histoires imaginaires ; rêves éveillés (individuels, collectifs) ; scénarios ; utiliser la symbolique des contes de fées ; rêver avec des sensations, des parfums, des musiques, du toucher, etc. ; voyages imaginaires ; la case du magicien[33]...

## La posture sensible, un moteur à trois temps

La posture sensible vise de manière volontaire l'imaginaire ; il s'agit d'un détour en trois temps.

**1) Première respiration :** une phase de lâcher-prise, d'**éloignement vers l'imaginaire**. Lors de cette phase sont produites des propositions imaginaires stimulantes ; ce ne sont que des pistes...

---

[33] Technique d'imprégnation et de formulation des rêves et désirs, inspirée du psychodrame, développée par René Bernèche (docteur en psychologie du comportement créatif au Québec à Montréal).

**2)** C'est seulement après les avoir « croisées » avec les composantes du challenge créatif que, **dans une deuxième respiration,** l'on fait **émerger des débuts d'idées**, des embryons d'idées.

**3)** Puis, dans une **troisième respiration et un dernier temps**, on pourra transformer ce qui a émergé en idées puis en solutions lors d'**une phase de convergence sensible.**

**Ici réside une différence majeure avec la posture dynamique qui, nous l'avons vu, produit des idées en deux temps (divergence, convergence).**

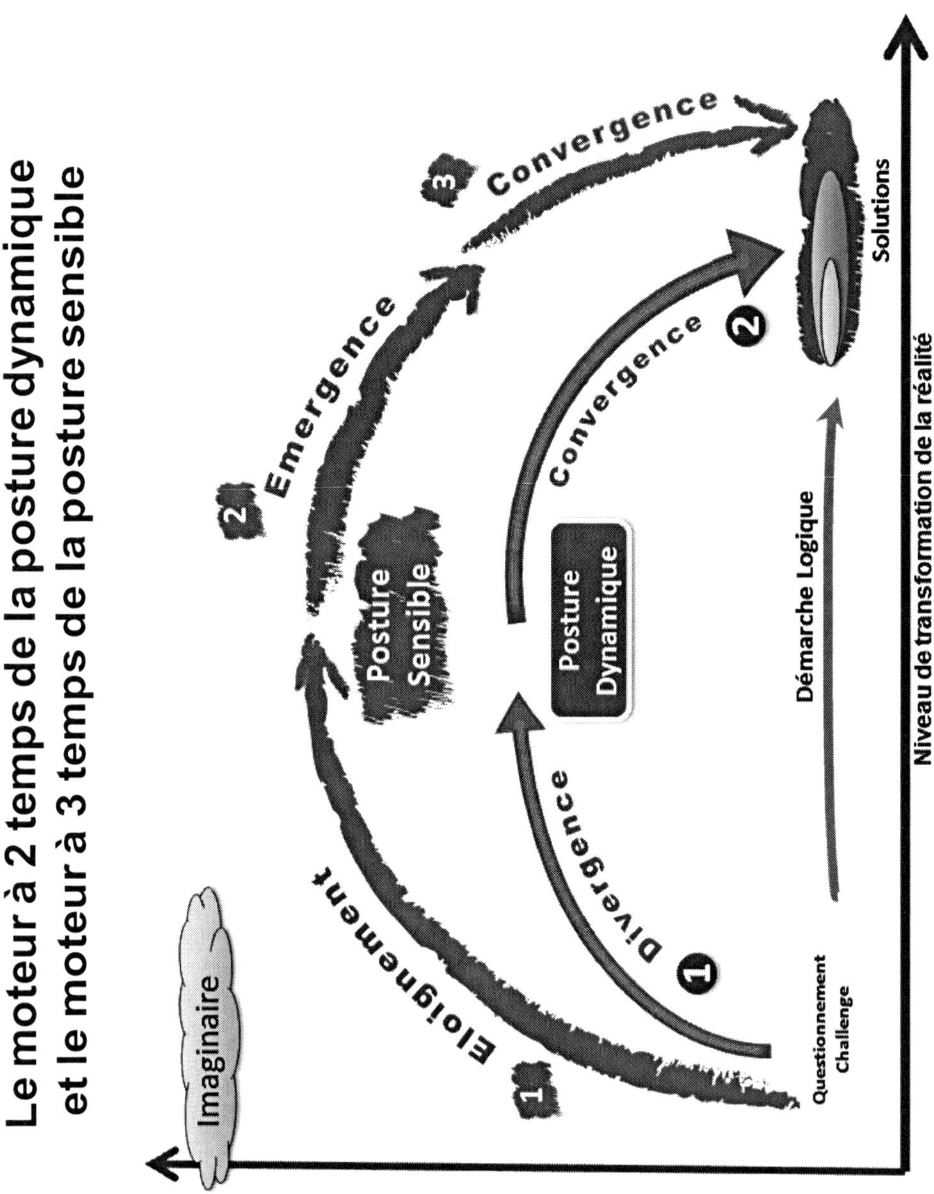
Le moteur à 2 temps de la posture dynamique
et le moteur à 3 temps de la posture sensible
Imaginaire
1
Eloignement
2
Emergence
3
Convergence
Posture Sensible
1
Divergence
Posture Dynamique
Convergence
2
Solutions
Questionnement Challenge
Démarche Logique
Niveau de transformation de la réalité

# III. Réflexion sur les liens entre créativité, énergie, et implication émotionnelle

# Le rôle de l'énergie dans la démarche créative

## Mettre en jeu sa créativité consomme de l'énergie, pourquoi ?

A un niveau élémentaire, parce que c'est toujours moins coûteux en énergie de ne pas changer. Beaucoup de comportements répétitifs et anti-créatifs sont tout simplement liés à l'économie d'énergie. Plus l'innovation est grande, plus la dépense en énergie sera forte, surtout si elle va à contre-courant des habitudes, des principes, des usages, des traditions, des avantages acquis par l'inertie.

D'autre part, la démarche créative dépense de l'énergie parce qu'elle conduit à passer par l'irrationnel. Même si ce passage est temporaire, encadré, sécurisé, aller vers l'irrationnel, c'est aller vers une prise de risque. La logique a été inventée pour sécuriser, pour tracer des routes dans la jungle, pour ranger le désordre. Et voilà que l'on nous demande de retourner vers la pensée désordonnée, vers la pensée floue, vers le syncrétisme du primitif et de l'enfant ! Exprimer des idées irrationnelles devant les autres, devant un groupe, est une prise de risque qui va bien au-delà de la mise en cause de son statut social, et qui explique le besoin de confiance que l'on développe dans les groupes.

Enfin, à un niveau plus profond, la démarche créative conduit à laisser exprimer des contenus intimes. S'autoriser à s'exprimer sans retenue, ne pas se limiter à une expression sociale policée, est une prise de risque qui demande de l'énergie et suppose de la confiance dans les autres.

## D'où vient l'énergie dans une démarche créative ?

L'énergie humaine est de nature émotionnelle. « *Sans émotion pas de vie* », écrit David Servan-Schreiber[34]. D'ailleurs, le mot « émotion » se compose du verbe latin *motere* qui signifie mouvoir et du préfixe *é-* qui marque un mouvement vers l'extérieur. Emotion et motivation, c'est la même racine. Pour se mettre en route, il faut se motiver, avoir du désir ou de la haine, de la passion ou de l'angoisse, et de toute façon de l'émotion. Pour se mouvoir il faut s'émouvoir... !

Il y bien longtemps que Piaget a souligné le double moteur de l'esprit humain, l'affectivité et l'intelligence, qui se développent parallèlement chez l'enfant : « *L'intelligence constitue la structure de la conduite et l'affectivité en constitue l'énergétique* [...] *chaque transformation de la conduite sera à la fois une transformation intellectuelle et une transformation affective.* »[35]

Le recours à la dynamique émotionnelle est utile dans une démarche créative pour plusieurs raisons.

D'une part, c'est une mémoire, un stock d'informations, différent de la mémoire ordinaire. « *Mais d'où est-ce que je sors cela ?* » dites-vous souvent lorsqu'il vous arrive de vous souvenir de vos rêves au petit matin ou lorsqu'une idée inattendue vous vient soudain à l'esprit. C'est un peu comme si votre ordinateur avait deux mémoires : la mémoire usuelle, bien pratique pour le courrier, et une mémoire mystérieuse qu'il faut aller dénicher dans certaines occasions. D'autre part, ce stock de mémoire supplémentaire nous intéresse parce que les souvenirs émotion-

[34] David Servan-Schreiber, *Guérir,* Robert Laffont, 2003.
[35] Jean Piaget, *La Psychologie de l'enfant,* PUF, 2004 ; *La Psychologie de l'intelligence,* Pocket, 2007 ; *La Représentation du monde chez l'enfant*, PUF, 2003.

nels ont la faculté de se regrouper entre eux d'une manière plus souple, plus hasardeuse que les autres, et de générer ainsi plus facilement des idées originales.

Le professeur Todd Lubart[36], qui a conduit plusieurs recherches sur les liens entre émotion et créativité, a montré qu'un état émotionnel facilite l'interprétation d'un stimulus de manière plus innovante, et que les expériences émotionnelles permettent d'établir plus facilement des liens entre deux concepts théoriquement distants, mais émotionnellement proches.
Le chercheur Franck Zenasni, de son côté, a montré l'influence d'une émotion sur la créativité, selon que cette émotion est négative (chercher des idées pour résoudre une situation inquiétante) ou positive (améliorer son bien-être)[37].
Mais, bien entendu, l'excès d'émotion dérègle totalement le cerveau ; les émotions doivent être modulées par l'analyse rationnelle dont est chargé le cerveau cognitif. La vie psychique, note le professeur Damasio[38], est le résultat d'un effort permanent de symbiose.
C'est bien ce que nous essayons de faire en alternant les temps de divergence, d'éloignement et d'émergence avec ceux de convergence.

---

36 Todd Lubart, chercheur et enseignant à l'université René-Descartes, a notamment publié *Psychologie de la créativité* (*op. cit.*).
37 Journal of Individual Differences, 2008, Vol 29, p. 157.
38 Antonio Damasio, chercheur américain, cité par David Servan-Schreiber (*op. cit.*).

# L'implication émotionnelle dans la démarche créative

## Comment mobiliser l'émotion : le groupe, vecteur de l'émotion

Tous les créateurs individuels ont eu recours à des « techniques » pour mobiliser leur émotion au moment où ils devaient créer. Rituels et recettes, manies multiples et variées, recherche de silence ou de bruit, moments privilégiés, stimulations favorites, voire recours à des stimulants artificiels.
Dans le contexte où nous nous trouvons, nous voulons produire des idées de manière simple (la créativité n'est pas magique), de manière démocratique (tout le monde est créateur), de manière pratique (nous nous situons dans le contexte d'une entreprise ou d'une institution).

Pour répondre à cette demande pratique, la méthode qui est proposée et qui fonctionne bien, c'est le groupe. Le groupe de créativité est un moteur qui, au lieu de consommer de l'énergie, en produit, et qui permet de mettre en jeu son émotion dans un contexte protégé et sécurisant. A condition de passer par une phase de formation du groupe et d'utiliser des techniques d'animation appropriées. Les membres d'un groupe de créativité doivent communiquer parfaitement entre eux, comme une seule personne à dix têtes qui soliloquent ; comme un seul être à dix stocks de souvenirs, à dix potentiels associatifs, qui peuvent indifféremment passer de l'un à l'autre, qui devinent ce que l'autre va dire, comme on sent à l'intérieur de soi-même germer une idée. Mythe, bien sûr, mais qu'il faut s'efforcer d'approcher au plus près.

Pour mettre en route le moteur émotionnel, selon que l'on est dans une posture dynamique ou sensible, la stratégie d'animation sera différente.

## Le moteur émotionnel de la posture dynamique : une tonalité plutôt ludique

Dans la posture dynamique, le moteur sera plutôt ludique. Pour détendre l'atmosphère, l'animateur fera faire des exercices corporels proches du jeu, que les animateurs américains appellent « *ice breakers* » (pour « briser la glace »). Osborn, de son côté, parlait d'une *« atmosphère de pique-nique »*. L'ambiance est tonique, souvent joyeuse, stimulante. On a cassé les codes de la politesse, on a oublié les règles de la logique, on a suspendu temporairement le jugement.

## L'implication émotionnelle plus forte et authentique dans la posture sensible

Il s'agit vraisemblablement d'un groupe qui aura suivi une formation plus approfondie, plus longue. On utilisera des techniques de groupe qui ne sont pas seulement des « *ice breakers* », mais des exercices mettant en jeu, d'une manière plus profonde, l'implication affective des participants, et que nous désignons par un néologisme : les « impliquants ».
On aura souvent prévu également, en dehors des exercices d'entraînement verbaux, une formation du groupe sur le plan de la communication non-verbale : techniques d'expression corporelle, gestuelle, exercices de création graphique, sonore. Paradoxalement, c'est en supprimant la parole que nous avons fait les plus grands progrès pour améliorer la communication dans

les groupes, en faisant pratiquer un ensemble d'exercices rassemblés sous une expression qui désigne ce qu'ils ne sont pas plutôt que ce qu'ils sont : les techniques non-verbales. Il s'agit essentiellement d'exercices corporels, d'expériences de comportement, qui vont du geste élémentaire de la rencontre jusqu'aux rythmes et à la danse, qui mettent en jeu toute une série de moyens d'expression physique.

On aura procédé à plusieurs reprises en cours de journée à des « régulations » psychologiques, où chacun aura eu l'occasion d'exprimer comment il se sent dans le groupe et avec chacun des participants, dessinant ainsi une sorte de sociogramme affectif, l'objectif étant de faire du groupe ce que Kurt Lewin[39] désigne comme *« un système dynamique, un champ de forces en quasi équilibre »*.

[39] Kurt Lewin, *Principles of Topological Psychology*, McGraw-Hill, 1936.

# IV. Le processus de création de solutions

# La créativité peut irriguer toutes les étapes du processus

Les postures dynamique et sensible peuvent irriguer toutes les phases d'un processus de recherche de solutions.

Le processus de création des idées, que nous venons de décrire, ne doit pas être confondu avec la mécanique complexe qui conduit à produire des solutions prêtes à se traduire en actions.

Que l'on utilise un « moteur à deux temps » ou un « moteur à trois temps », le processus que nous venons de décrire a pour objectif de **générer des idées** grâce à la maîtrise des mécanismes psychologiques de la création. Mais lorsque l'on s'engage dans une démarche **de production de solutions,** c'est une autre histoire. On chemine sur un itinéraire structuré qu'il faut suivre méthodiquement et qui comprend trois étapes conceptuelles universelles, connues depuis Archimède, communes à toutes les cultures, à toutes les époques.

# Les postures dynamique et sensible peuvent irriguer toutes les phases d'un processus de recherche de solutions

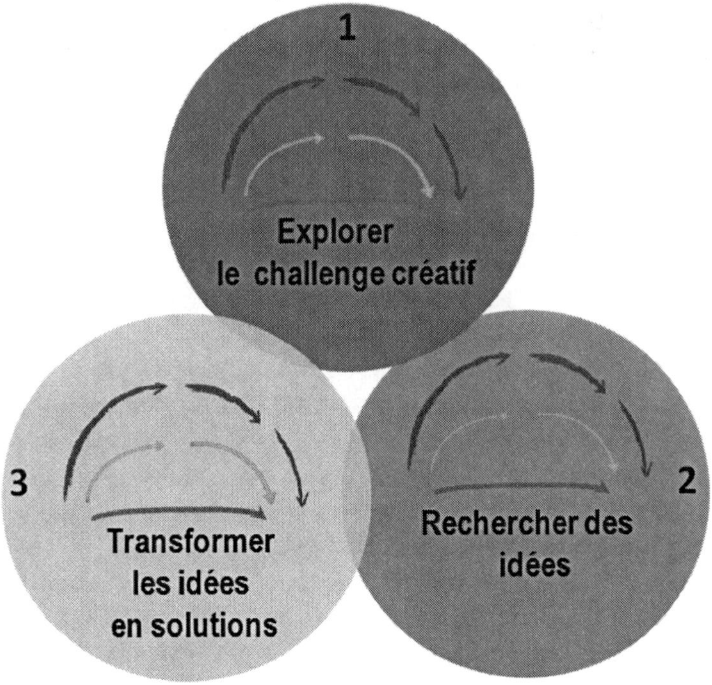

# Les trois méta-étapes universelles du processus de recherche de solutions

**A) On explore le challenge**

**B) On élabore des hypothèses ou bien l'on génère des idées d'une manière ou d'une autre**

**C) On sélectionne et on prépare la mise en œuvre des propositions de solutions**

La grande intelligence et l'originalité de la démarche explorée par Sidney J. Parnes et Alex Osborn, et développée depuis cinquante-cinq ans par tous les animateurs qui sont passés par le Creative Problem Solving Institute de Buffalo, est d'avoir inséré le processus de création d'idées dans chacune des étapes de l'itinéraire conduisant à produire des solutions.

Nous voudrions insister sur ce point essentiel : la créativité (que l'on utilise le détour dynamique ou sensible) ne s'applique pas uniquement à la deuxième étape, celle de la production des idées ; elle irrigue toutes les étapes du processus. La posture dynamique ou la posture sensible, l'une ou l'autre, ou bien les deux ensemble, suivant le style des animateurs, peuvent être mises en jeu pour parcourir de manière plus créative le chemin conduisant à proposer des solutions. Qu'il s'agisse de l'étape A (où l'on part du problème pour formuler le challenge créatif), ou de l'étape B (où l'on fabrique un grand nombre d'hypothèses créatives), ou encore de l'étape C (où l'on transforme ces hypothèses en solutions opérationnelles), on injecte de l'énergie créative à chaque pas.

Formuler le challenge, c'est un travail créatif que l'on peut interpréter en dynamique ou en sensible.
Transformer les ébauches d'idées en solutions concrètes, positiver les hypothèses qui paraissent impossibles, contourner les objections, autant de phases qui demandent de la créativité, qui demandent des idées.
Le processus de création d'idées est un tour de main qu'il faut mettre en œuvre de manière répétitive, récurrente, à chaque étape de la fabrication de solutions ; c'est un ingrédient de la recette globale. Ou, pour prendre une autre analogie, si l'on compare la conception de solutions à la création d'une œuvre musicale complexe, faisant intervenir plusieurs musiciens tout au long des différentes parties de la symphonie, depuis l'andante jusqu'à l'allegro final : c'est une manière de jouer l'œuvre, dans le style dynamique ou dans le style sensible.

Suivant les auteurs, suivant les époques, le processus de production de solutions a été décrit de différentes manières, et chacune des trois étapes a parfois été subdivisée en plusieurs sous-ensembles.
Wallas[40], par exemple, qui est un pionnier dans le domaine de la réflexion sur le processus créatif et que l'on cite souvent comme référence, distinguait quatre étapes : la préparation, l'incubation, l'illumination et la vérification[41]. (Remarquons qu'en distinguant dans la deuxième étape *« la phase où l'on n'est pas conscient du problème »* et celle de *« l'apparition de l'idée »*, il rejoint d'une certaine manière notre distinction entre l'éloignement imaginaire et l'émergence de l'idée.)

---

[40] Graham Wallas, *op.cit.*
[41] La préparation *("the stage during which the problem is investigated")* correspond à l'étape A ; l'incubation *("the stage during which he was not consciously thinking about the problem")* et l'illumination *("the appearance of the happy idea")* constituent une décomposition de l'étape B ; et finalement la vérification *("the stage in which both the validity of idea was tested, and the idea itself reduced to the exact form")* correspond à l'étape C.

William J. J. Gordon, l'auteur de la *Synectique*, distinguait pour sa part neuf phases[42].

## Un processus référent : le Creative Problem Solving

Mais à l'heure actuelle, la référence la plus courante, devenue aussi générique qu'a pu l'être le brainstorming dans le domaine de la recherche d'idées, est le processus du Creative Problem Solving d'Osborn-Parnes, qui comporte trois méta-étapes pouvant se subdiviser en plusieurs phases.

Il est décrit de manière très claire et très pédagogique dans l'excellent livre d'Olwen Wolfe[43], qui distingue pour sa part huit phases au sein des trois grandes étapes de la méthode CPS.

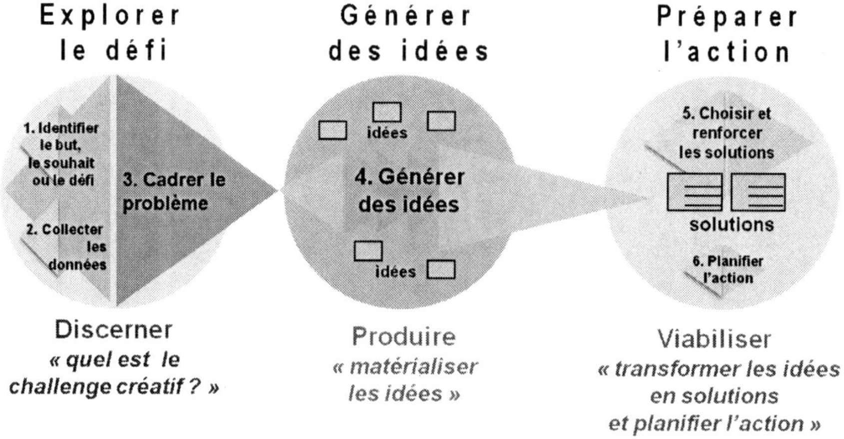


[42] William J. J. Gordon, *op. cit.*
[43] Olwen Wolfe, *J'innove comme on respire*, Editions du Palio, 2007.

Chaque année, depuis cinquante-cinq ans, le Creative Problem Solving Institute présente, dans le cadre d'un colloque, les derniers aboutissements de sa réflexion sur la manière de mettre en œuvre le processus de recherche de solutions. Nous présentons également ce processus dans le cadre des programmes de formation de l'association Créa Université, parallèlement aux programmes de formation à la posture « sensible ».

# Les trois méta-étapes du processus de recherche de solutions considérées à la lumière de la posture sensible

**A) L'exploration du challenge**

Cette étape inclut la formulation du problème d'origine, l'exploration de son écosystème, l'imprégnation, la mise en lumière des points d'entrée dans le challenge, la formulation et la reformulation du challenge créatif.

En complément d'une approche principalement logique, on peut, dans cette phase, utiliser les techniques créatives (dynamiques et sensibles) pour formuler et reformuler le challenge, pour s'en imprégner, pour s'en éloigner, pour le considérer avec un œil neuf. A la différence d'une approche dynamique stricte, dans un processus sensible, on pourra ouvrir plusieurs pistes dans cette phase d'exploration ; il ne s'agira pas de cadrer le problème, mais de le mettre en imaginaire, de l'ouvrir de manière sensible, de lui apporter un autre éclairage, pour mieux en saisir l'essence, le sens.

**B) La recherche d'idées, en réponse au challenge créatif**

C'est à ce niveau, bien entendu, que le processus créatif est le plus important ; c'est là que l'apport développé ici est original.

Cette phase s'appuie sur les grandes familles de techniques allant des plus dynamiques aux plus sensibles ; c'est lors de cette phase que l'appel à l'imaginaire est le plus important.

**C) La transformation des idées en solutions**

On utilise aussi, en complément d'une approche logique, les techniques créatives dans cette phase, pour transformer les

idées en solutions, pour préparer leur acceptation et multiplier les chances de réussite, pour optimiser le plan d'actions.
Plusieurs techniques dynamiques sont envisageables. Par exemple, le tri des idées en familles de couleurs[44] ou bien les regroupements (technique « étincelles et regroupements »). On peut alors développer ces regroupements (ces « *clusters* »), de différentes manières : soit en utilisant des techniques d'élaboration et d'optimisation du type P.P.C.O. (on potentialise et on améliore l'idée en cherchant ses Plus, ses Potentiels, les Craintes, et les Options pour résoudre ces craintes) ; soit en développant certaines pistes sous forme de fiches concepts ; soit en faisant sélectionner les idées par le client final qui décidera de la suite à donner ; soit par une combinaison de ces différentes étapes.
Cette approche dynamique peut être complétée ou remplacée par une approche sensible. On utilise alors des techniques qui laissent plus de place à l'intuition, à une élaboration de type « petit vélo », dans le choix et le renforcement des idées qui deviendront des solutions.

Des techniques emblématiques de la posture sensible sont présentées sous forme de fiches en annexe de ce livre.

[44] Mark Raison distingue par exemple quatre familles de couleurs : les idées bleues (les idées simples, faciles à mettre en œuvre, facilement acceptables), les idées vertes (elles améliorent l'existant, elles se situent dans la continuité), les idées rouges (ce sont les idées qui créent une rupture, un changement radical tout en apparaissant réalisables), et les idées jaunes (ce sont les idées étonnantes, incroyables, qui marquent une rupture radicale ; elles expriment une vision, un rêve, elles donnent envie. On a envie de dire : « *C'est* a priori *impossible, essayons !* »).

# Tableau de synthèse : organisation des concepts liés à la créativité

Guy Aznar, Stéphane Ely

## Posture Sensible

**Forte implication émotionnelle**

a. Lenteur
b. Mélodie
c. Le feu qui couve, le bouillonnement de la lave
d. Lâcher-prise
e. Réceptif
f. Idées floues, morceaux d'idées
g. Hésitant, doux, sensible
h. Explorer, découvrir, naviguer
i. L'inconscient recherché
j. Flâner, se perdre, "bricoler"
k. Références symboliques : plutôt valeur Yin, Dionysiaque, Eau, Air

✓ On renforce méthodiquement la dimension émotionnelle, on cherche à mobiliser la dynamique du groupe
✓ Registre des exercices impliquants
✓ On implique le corps
✓ On fait des "régulations" affectives (comment je me sens dans ce groupe)

## Posture Dynamique

**Faible implication émotionnelle**

a. Rapidité
b. Rythme
c. Explosion
d. Tension
e. Actif
f. Idées nettes, idées finies
g. Déterminé
h. Quantitatif
i. Conscient (ou inconscient par accident, lapsus provoqué ou non)
j. Suivre un itinéraire
k. Références symboliques : plutôt valeur Yang, Apollon, Terre, Feu

✓ On transforme l'émotion en implication ludique, festive, une émotion sous contrôle
✓ Registre des ice breakers,
✓ Pas de toucher
✓ Pas de "régulations" affectives impliquées mais "debriefing"

## Respirations créatives

### Moteur sensible à trois temps

Eloignement/émergence/convergence sensible (Aznar-Ely)

**▪Eloignement**
➢ Rechercher la lenteur
➢ Lâcher prise
➢ Associer lentement par images
➢ Partager des intuitions vagues, de nouvelles sensations
➢ S'immerger dans les images mentales
➢ Ne rien chercher, s'inspirer

**▪Emergence**
➢ Différer les idées, retarder l'écriture
➢ Parler par métaphores, avec poésie
➢ Rechercher les idées floues et imparfaites
➢ Rechercher la lenteur

**▪Convergence sensible**
➢ Laisser place à l'intuition
➢ Elaborer façon « petit vélo »
➢ Puis converger dynamiquement

### Moteur dynamique à deux temps

Divergence/convergence (Osborn-Parnes)

**▪Divergence**
➢ Différer le jugement
➢ Se lâcher, chercher les idées originales
➢ Chercher la quantité
➢ Associer sur les autres

**▪Convergence**
➢ Juger positivement
➢ Améliorer les idées
➢ Etre déterminé
➢ Chercher l'inédit
➢ Rester en conformité avec ses objectifs

## Techniques et outils associés

**Techniques spécifiques à la posture sensible**

▪**Techniques projectives** : identification, projection sur des supports projectifs

▪**Techniques oniriques** :
rêver la solution idéale, faire le vide, méditer, histoires (individuelles, collectives), scénarios, utiliser la symbolique des contes de fées, voyages imaginaires, rêves éveillés, etc.

**Techniques pouvant être jouées à la fois de manière dynamique et sensible**

▪**Techniques analogiques** : rationnelles, logiques ou intuitives, métaphoriques, paraboles, etc.

▪**Techniques de décadrage** : regard naïf, regard d'enfant, regarder d'un autre point de vue, etc.

▪**Techniques graphiques** : construction d'objet (maquette, sculpture), photo, collage, etc.

**Techniques spécifiques à la posture dynamique**

▪**Techniques associatives** : brainstorming classique, brain post-it, brain-writing, etc.

▪**Techniques de déstructuration** : décomposer, casser le problème, changer les fonctions… SCAMPER, matrice de concassage, etc.

▪**Techniques de confrontation** :
heurter, produire un choc, une rencontre entre deux champs, établir une matrice de confrontation… des connexions forcées, etc.

# En conclusion

# Autour de l'émergence, un regard nouveau

Le concept d' « émergence des idées » n'est pas un concept arbitraire, artificiel, nouveau, surajouté, soudain sorti d'un chapeau : la phase d'émergence est une phase par laquelle passent tous les producteurs d'idées, dans tous les cas, depuis toujours, quelle que soit la méthode utilisée. Généralement sans l'identifier, sans la nommer, sans en prendre clairement conscience. Comme M. Jourdain, tout le monde fait de l'émergence sans le savoir ; tout le monde, au cours d'un processus de création, passe par la case émergence.
Si nous faisons apparaître ce concept d'émergence des idées, c'est précisément pour attirer l'attention sur cet espace sensible, pour faire un zoom, comme avec une lentille grossissante, sur ce territoire que l'on parcourt d'habitude à la vitesse de la lumière, alors qu'il faudrait s'y attarder pour en savourer l'incertitude qui se termine par le jaillissement d'un indice, l'apparition d'un sentier de découverte dans la pénombre.

Nous avons choisi de nommer cette étape dans le but de la valoriser, de l'amplifier, de l'enseigner.

La phase d'émergence est très précisément *la* phase symbolique de la création, les phases précédentes ne constituant que des étapes préparatoires et les étapes suivantes n'étant que des mises en forme.

# Dynamique et sensible : deux postures complémentaires

Il serait facile d'opposer « l'école américaine de la créativité », caractérisée par le brainstorming et « l'école française de la créativité », caractérisée par le détour projectif, l'emploi de méthodes lentes, la mise en jeu plus affirmée de l'émotionnel.
Ce n'est pas la voie que nous suivrons ici.
Certes, le brainstorming d'Osborn correspond bien à la culture américaine par son côté pragmatique, simple, directement opérationnel. De plus, il a été popularisé depuis plus de cinquante-cinq ans par la méthode du CPS (Creative Problem Solving), développée dans le cadre de la Creative Education Foundation grâce à Sidney J. Parnes, et enseignée aujourd'hui par de nombreux animateurs américains de talent.
Certes, la posture sensible correspond bien à la culture européenne, notamment française, illustrée par des précurseurs comme Anzieu ou Rorschach dans le domaine du projectif, par Jung ou Robert Desoille pour le rêve éveillé, par Gianni Rodari pour la grammaire de l'imagination, par Bachelard pour la symbolique des quatre éléments, et bien d'autres. Elle a été mise en application par l'équipe de Synapse[45] depuis 1966, donnant naissance aux études qualitatives projectives et berceau d'un grand nombre d'animateurs français de créativité.

Mais la distinction n'est pas si tranchée.

---

[45] Synapse est le nom de la première société française de créativité, fondée par Guy Aznar, Christian Aznar et Pierre Bessis en 1966, qui a été pionnière dans ce domaine. De nombreux animateurs exerçant actuellement sont issus de « l'école Synapse ». La méthode Synapse a donné lieu à la publication du livre de Guy Aznar, *La Créativité dans l'entreprise*, Editions d'Organisation, 1971.

La posture sensible a été également initiée par un américain, William J. J. Gordon, l'inventeur de la « synectique »[46], qui a mis au point sa méthode de création au ralenti en demandant à un patient en cours de psychanalyse de verbaliser son mécanisme d'invention. Et également en inventant la technique de l'identification, qui constitue l'outil caractéristique de la phase d'émergence.
Sid Parnes, de son côté, aux débuts du Creative Problem Solving Institute (CPSI), s'est longuement intéressé aux techniques projectives et à la mise en jeu de l'émotion[47].
Aujourd'hui, aux Etats-Unis, de nombreux praticiens ou chercheurs utilisent des approches projectives pour enrichir leur production, et de récents articles universitaires (à Harvard, entre autres) se réapproprient cette approche.
A l'inverse, en France et en Europe, actuellement, un grand nombre de praticiens utilisent une approche rapide dynamique, ignorant parfois tout d'une posture sensible.

En fait, au-delà des différences culturelles, la vérité est que ces deux postures sont complémentaires.
Idéalement, il faudrait les maîtriser de manière égale, afin de pouvoir dans certains cas, pour certains problèmes, foncer dans le dynamique et, pour d'autres, quand on veut « aller plus loin », savoir faire un plus grand détour vers l'imaginaire. Ou bien, dans la même recherche, jouer à certains moments la partition dynamique puis enchaîner sur la partition sensible.

---

[46] Mot fabriqué qui veut dire « combinaison d'éléments hétérogènes », c'est-à-dire croisement ou bissociation.
[47] Ce travail relatif à la mise en jeu de l'émotion a été prolongé par d'autres chercheurs, notamment René Bernèche (docteur en psychologie du comportement créatif au Québec). René Bernèche propose un modèle explicitant les liens entre concepts, imageries mentales, perceptions et sensations. Ce travail passionnant permet de mettre en lumière le lien entre émotion, idée et concept dans une démarche créative.

**La posture sensible est un moteur créatif, pouvant s'intégrer dans le processus CPS (Creative Problem Solving), ouvrant de nouvelles pratiques et participant à son enrichissement.**

# Un certificat universitaire de créativité pour mieux approfondir les mécanismes de la création

C'est l'ambition suivie dans le certificat de formation à la créativité, proposé par l'université Paris-Descartes[48] et créé à l'initiative de Todd Lubart et Guy Aznar, que de proposer une synthèse ouverte de ces différentes manières d'exprimer sa créativité, ouverte à toutes les écoles de pensée, et de poursuivre les recherches pour mieux approfondir les mécanismes de la création.

Paris, janvier 2010.


[48] Voir le site : www.crea-univ.com

# V. Annexes

# Présentation de quelques techniques sensibles

Afin d'illustrer notre propos, nous présentons ici quelques techniques emblématiques qui sont utilisées dans les différentes respirations du « moteur à trois temps » caractéristique de l'approche sensible.
Elles ont été conçues spécialement pour s'adapter à ces respirations créatives.

## **Famille 1** : des techniques d'éloignement (pour faciliter l'expression imaginaire)

## **Famille 2** : des techniques de croisement (pour faciliter l'émergence des idées)

## **Famille 3** : des techniques de convergence sensible (pour faciliter l'élaboration des idées)

Toutes ces techniques sont utilisables dans le cadre des trois méta-étapes d'un processus de recherche de solutions.
Pour appréhender ces techniques, il convient de garder à l'esprit que l'on cherche des idées dans chacune de ces méta-étapes.
En effet, on peut chercher :
- Des idées de formulations du challenge créatif.
- Des idées dans la méta-étape de recherche d'idées (!).
- Des idées pour transformer les idées en solutions, ou encore renforcer l'acceptation et le plan d'actions.

## Famille 1 : les techniques d'éloignement, pour faciliter l'expression imaginaire

« Eloignement » s'associe à « prendre du recul », comme un peintre qui s'éloigne du chevalet... « Eloignement » s'associe à « voyage vers un autre continent... ». Le mot « éloignement » suggère d'aller plus loin, de rompre les amarres, de perdre pied, de s'élancer vers ces territoires mal connus, de se laisser aller comme dans ces états de rêverie où les images défilent malgré nous, où les mots ricochent l'un sur l'autre, où la pensée flâne et divague.

### Le « petit vélo »

### L'identification

### Les métaphores

### Les techniques non-verbales (le dessin et le corps)

### Les techniques projectives

## Fiche pratique : le « petit vélo »

Le mot « brainstorming » recouvre à la fois un langage (une manière de s'exprimer) et une technique (une manière d'aborder les problèmes). La posture sensible s'en différencie par un langage et une démarche spécifiques.

Le langage brainstorming est caractérisé par :

- La rapidité (qui n'est pas anecdotique, mais une stratégie pour « déboussoler » la logique).
- La convention de suspendre le jugement (« Différez le jugement »).
- L'association de mots.
- L'invitation à produire des idées en quantité et « dans tous les sens » (« L'imagination la plus folle est bienvenue »).
- Le climat de groupe, ludique, dynamique.

Le langage de la posture « sensible » (auquel nous donnons pour des raisons historiques le nom de code de « langage petit vélo ») possède des caractéristiques souvent opposées :

- Il valorise la lenteur.
- Il est basé sur l'association d'images et non de mots, dans un contexte fusionnel.
- Il facilite les projections inconscientes par l'intermédiaire de techniques projectives.
- Il suggère de « différer les idées » et de produire seulement un matériau imaginaire qui sera transformé en idées dans une phase ultérieure.
- Il recherche la création d'un climat émotionnel plutôt que ludique.

**Objectifs**

La pensée par images constitue la clé de l'éloignement vers l'imaginaire. Alors que le mot est une construction symbolique correspondant à un niveau élevé de l'intelligence, l'image est la forme archaïque de la représentation qui se produit « malgré soi », depuis un niveau profond du cerveau, comme dans les rêves.

« Parler imaginaire », ce n'est pas regarder des images c'est « entrer dans l'image ». Ce n'est pas nommer un objet (table, chaise) puis le décrire en fonction d'une construction intellectuelle qui « sait » qu'une table a quatre pieds, c'est attendre que l'image « se révèle », en attente de la forme avec curiosité, comme un paysage inconnu recouvert de brume qui se dévoilerait peu à peu. L'image doit venir « à notre insu » et non dictée par nous.

Parler imaginaire, c'est se laisser envahir par les images, puis les laisser se glisser l'une sur l'autre « d'elles-mêmes », lentement.

Il ne s'agit surtout pas de raconter une histoire, mais de « voir » et de « ressentir » une image fixe, immobile, qui a pris forme sous nos yeux.

Pratiqué en groupe, cet exercice est la condition essentielle de la créativité collective. Le partage ressenti d'une image est une étape d'une construction fusionnelle qui va permettre plus tard le partage d'une idée naissante.

Cet exercice de l'image révélée en groupe ne doit pas être confondu avec des techniques voisines telles que l'histoire imaginaire, l'histoire fantastique (positive ou négative), le rêve éveillé collectif, qui sont pratiquées à d'autres moments, pour d'autres objectifs.

- Dans l'histoire imaginaire, on construit un récit. C'est par exemple la visite d'une maison, d'une usine, d'une grotte que l'on découvre ensemble. Éventuellement c'est un conte d'enfant dont on respecte les codes (Il était une fois… Tous les jours… Mais un jour… A cause de cela… Jusqu'à ce que… Et depuis ce temps-là…). Ou la construction d'un scénario.

- On peut introduire la dimension fantastique avec un versant négatif (le cauchemar), ou avec un versant positif (le paradisiaque). L'autorisation de faire appel au fantastique libère l'imagination, elle autorise une production imaginaire plus débridée. Mais attention aux abus qui transforment les récits en dérision.
- Dans le rêve éveillé, on ne décrit plus un environnement extérieur à soi (paysage, ville, etc.), on voyage collectivement dans le paysage, dans la ville imaginaire, etc. Les participants, les yeux fermés, sont réunis en cercle, assis ou allongés dans une position confortable. L'animateur propose une image de départ puis chacun intervient quand il le sent. D'abord chacun son tour, puis librement, le groupe imagine, introduisant éventuellement des éléments fantastiques, sans les forcer. En formation, il explore une planète imaginaire, ou bien rêve sur des sujets variés, banals : *« Nous allons voyager dans le moteur d'une voiture, dans une maison, dans une montre. »* En production d'idées, le thème du voyage est choisi en fonction du sujet de la recherche afin de permettre le croisement. Le rêve est une traduction de la dynamique du groupe. C'est souvent un test de sa cohésion.

### Contexte d'utilisation

- Former le groupe à associer de manière sensible.

La pratique de l'exercice du « petit vélo » n'est pas un exercice parmi d'autres, c'est l'apprentissage d'un langage basique qui permettra ensuite différentes modalités de constructions imaginaires, de même qu'il permettra l'émergence des idées. Cet exercice est un point de passage obligé dans la formation des groupes. Un groupe ne peut pas fonctionner en posture sensible tant qu'il n'a pas réussi la fusion dans l'image révélée progressivement.

- Dans un processus de recherche de solutions.

Le « petit vélo » n'est pas seulement un langage ; c'est aussi une technique qui peut s'utiliser à toutes les étapes du processus de recherche de solutions.

- Lors de l'exploration du challenge : la fusion dans l'imaginaire peut s'utiliser au stade de l'imprégnation du problème, pour ressentir le problème intuitivement, au-delà de sa formulation rationnelle.

- En génération d'idées :

C'est typiquement une technique d'éloignement, permettant de produire le matériau imaginaire qui sera utilisé par la suite. Soit pour commenter un dessin, soit pour décrire une identification, soit pour raconter une histoire imaginaire, etc.

L'émergence des idées sortant de la brume est par nature du langage « petit vélo » ; c'est le moment le plus symbolique de cette approche. Par exemple, dans la phase que nous appelons « l'affût », où le groupe est tendu dans une écoute sensible, s'efforçant de trouver un lien entre l'imaginaire et le sujet traité pour faire émerger une idée floue, ou dans l'exercice du balancier où son imagination flotte librement entre les deux pôles opposés.

- En phase de choix et de renforcement des solutions : la technique « petit vélo » est également précieuse lorsqu'il s'agit de renforcer les solutions, notamment à travers l'écriture sensible de concept.

**Mise en œuvre pour former le groupe à associer de manière sensible**

En phase de formation, le groupe est assis en cercle, les yeux fermés.

On commence par associer sur des formes simples, des objets utilitaires banals.
Généralement, les participants parlent trop longtemps, imposant leur propre vision aux autres. Il faut leur apprendre à dévoiler l'image par minuscules touches pour que chacun puisse s'en emparer.
Des exercices corporels tels que le passage de gestes sont souvent nécessaires pour mieux comprendre le lien entre les trois phases clés :
a) Ecoute
b) Association
c) Expression
Il faut leur apprendre à ne pas décrire un concept ou raconter une histoire, mais à se laisser envahir par une image naissante.
On peut ensuite prendre pour exercice des thèmes plus complexes, avant de passer à l'exercice générique du « petit vélo ».
Par la suite, le langage « petit vélo » devient un code. On dit à certains moments : *« Allons-y, associons en brainstorming »* ; à d'autres : *« Maintenant, parlons petit vélo »*.

**Mise en œuvre dans un processus de recherche de solutions**

Elle s'opère systématiquement en trois phases.
Phase d'éloignement : quelle que soit la méta-étape du processus de recherche de solutions, on commence par une phase d'éloignement, en pratiquant le langage « petit vélo » décrit précédemment : on associe en imaginaire. Cette phase de détour vers l'imaginaire et les sensations permettra d'ouvrir de nouveaux horizons imaginaires, des chemins de traverse dans la pensée qui favoriseront la découverte du nouveau.

Phase d'émergence : il s'agit de croiser, tout en douceur, la matière imaginaire produite lors de l'éloignement, avec la réalité.
Phase de convergence sensible : on va mettre de la chair, enrichir l'embryon d'idée qui a émergé afin de le renforcer.

## Fiche pratique : l'identification

### Objectifs

Ressentir le problème de l'intérieur, « physiquement », émotionnellement, s'identifier avec l'un des éléments du problème : on devient le problème (on souffre avec cet engrenage, on s'étire comme ce fil de nylon...). Fournit un matériau imaginaire riche, souvent surprenant. Une technique individuelle (utilisée au sein du groupe), impliquante, projective, la plus proche du rêve.

### Contexte d'utilisation

C'est typiquement une technique d'éloignement qui permet une approche émotionnelle du challenge et ouvre souvent des voies nouvelles, mais qui peut également être utilisée au stade de l'imprégnation du problème pour mieux le ressentir. Elle suppose un groupe formé, entraîné à pratiquer le croisement et dans lequel règne un climat de confiance.

### Mise en œuvre

Le participant qui fait l'identification se met en situation, les yeux fermés, dans un état d'abandon ; il s'efforce de ressentir la composante du problème choisie, de verbaliser ce qu'il ressentirait s'il était, par exemple, un ressort. *« Le technicien inventif s'imagine être une molécule dansante, il se laisse attirer et repousser par les forces moléculaires il se laisse emporter*

*dans le tourbillon, il échappe momentanément à la condition humaine pour assumer l'aventure d'une molécule. »* (W. J. J. Gordon).
Il faut couper les ponts avec l'environnement, se mettre en situation de rêve puisque l'identification est en fait proche du rêve. On peut faire précéder l'identification par une relaxation. L'identification n'a de sens que si on la vit d'une manière impliquée, « pour de vrai ».

Il y a deux manières de faire le croisement, soit en direct, chacun notant sur un carnet les pistes d'approfondissement, les idées floues, les bouts d'idées qui lui viennent en tête, qui seront exploités par la suite, soit par réécoute de l'enregistrement au magnétophone avec la technique de « l'affût » (voir famille 2 : les techniques de croisement pour faciliter l'émergence).

## Fiche pratique : les analogies et métaphores

### Approche dynamique : les analogies

C'est ce que nous appellerons l'analogie directe, qui propose une connexion directement compréhensible et explicite. Il s'agit de trouver un univers de comparaison différent, mais ayant des similitudes techniques, mécaniques, d'usages, qui peuvent être inspirantes pour trouver des idées.
Par exemple :
- Pour trouver des idées pour garder les parquets lisses, on peut s'inspirer de la technique du lissage d'une patinoire.
- En cosmétique, on peut comparer l'élasticité de la peau avec un jean en lycra.
- On peut comparer le mécanisme d'une chaise longue avec une mante religieuse qui replie ses pattes.

**Approche sensible : les métaphores**

La technique pratiquée de manière sensible va plutôt s'appuyer sur une métaphore, parabole ou description poétique. Pour mémoire, une métaphore compare en s'appuyant sur des archétypes, des symboles s'adressant à l'imaginaire collectif.

**Objectifs**

Déplacer l'essence du challenge créatif dans un autre paradigme, un autre univers, pour trouver des mécanismes de résolution inspirants.

**Contexte d'utilisation**

C'est une approche très puissante pour trouver d'autres pistes d'idées, ou illustrer des solutions. L'analogie aidera à mettre en avant des raisons de croire rationnelles, alors que les métaphores seront plus utiles pour des raisons de croire émotionnelles.

**Mise en œuvre**

Lister des mots, des verbes, des adjectifs, liés au cœur du challenge créatif et en extraire l'essence (cette phase est souvent déjà assez claire, surtout si vous avez bien posé la problématique avec un *mind mapping*, ou si vous avez déjà passé du temps dans une phase de divergence...).

Organiser un brainstorming sur les analogies et métaphores possibles dans d'autres domaines.

Sélectionner une analogie ou une métaphore.

Dans un premier temps, développez l'essence de l'analogie ou de la métaphore ; décrivez-la. Puis cherchez des parallèles, des idées qui peuvent répondre directement à votre problématique.

## Fiche pratique : les techniques d'éloignement non-verbales

### Le principe : court-circuiter le langage

Le langage est la plus noble conquête d'*Homo sapiens*, c'est le fondement de toute l'évolution mentale. A l'origine, « *Logos* » signifie à la fois « langage » et « pensée », comme si ces deux notions étaient fusionnelles. Le langage traduit le lent cheminement du cerveau limbique, proche de l'animalité, vers le néo-cortex, siège des pensées abstraites et de l'intelligence.

Les mots sont des outils essentiels pour formuler une pensée, pour la communiquer aux autres. Les mots donnent une forme, une structure, au flou de la pensée, aux images imprécises, aux intuitions vagues, aux rêves. Mais en même temps qu'ils nous font passer du flou de l'intuition au code social compréhensible, ils nous enchaînent à un réseau de significations anciennes, connues, enregistrées. Ils transportent à eux seuls des réponses à des questions mille fois posées.

Pour inventer, il faut faire le voyage inverse, du néo-cortex vers le cerveau limbique, vers le cerveau primitif, vers le cerveau de l'enfant, pour susciter des liens associatifs différents de ceux qui ont été mille fois organisés et répétés par le langage socialisé. Il faut retrouver une pensée pré-logique, pré-langage. Koestler[49] résume bien ces idées en écrivant : *« La véritable création commence où finit le langage. »*

### Comment éviter le langage

Pour court-circuiter le langage socialisé habituel, les principaux moyens sont les suivants :

- L'emploi d'un langage associatif qui essaie de favoriser une pensée en images (enfantine, magique) où les liens entre les images sont illogiques, irrationnels, subjectifs (voir la fiche « petit vélo »).

[49] Arthur Koestler, *op. cit.*

- L'utilisation du dessin, notamment non-figuratif, spontané, et de tous les modes d'expression graphique.
- La représentation corporelle.

## 1. Le dessin

### Objectifs

Le dessin est la technique royale pour faire exprimer l'imaginaire du problème, sans les paroles, c'est-à-dire de la manière la plus proche de l'inconscient, de l'intuition. Les dessins doivent être effectués par un groupe bien imprégné du thème de la recherche d'idées.

### Contexte d'utilisation

C'est surtout en phase d'éloignement que l'on utilise le dessin. C'est un stimulus imaginaire, dont on tire ensuite parti dans la phase d'émergence en « croisant » le contenu du dessin avec le problème posé. Le dessin est une manière fréquente d'exploiter les analogies et les métaphores. Comme on l'a noté par ailleurs, le mécanisme analogique est en lui-même un éloignement, plus ou moins important (certaines analogies restent dans un registre rationnel, les métaphores allant davantage vers l'imaginaire). Il est donc souvent intéressant de les exploiter par une technique sensible, comme le dessin.

### Mise en œuvre

Quand nous disons « dessiner », nous parlons en fait d'expression graphique, on pourrait presque dire de « production de traces et de taches sur un support », pour bien signifier qu'il ne s'agit pas de faire du dessin figuratif, représentatif, esthétique, mais de laisser les idées s'exprimer librement avec les mains.

Le matériel utilisé est important pour la réussite de cette technique. Il est utile de disposer d'une grande quantité d'outils graphiques : non pas deux ou trois crayons bien taillés, mais une valise pleine de matériel varié (crayons, feutres, gouaches, tubes de peinture acrylique, pastels, craies, etc.). On recommande en particulier la peinture à doigts (utilisée dans les écoles) qui permet aux participants de peindre avec leurs mains, ce qui, au départ, débride la relation habituelle avec le dessin. Il faut les laisser jouer avec la peinture, retrouver leurs gestes d'enfants.
Dans le même esprit, au niveau du papier, nous recommandons de rechercher les grands formats, le gaspillage, la profusion.

Eloignement
On peut procéder de différentes manières.
Dessin individuel : chacun trace sur une feuille « une idée floue » par rapport au problème posé.
Dessin individuel tournant : on fait passer au voisin qui complète ou associe librement (en non-verbal, sans commenter l'intention du précédent).
Dessin collectif : on peut l'organiser en sous-groupes de quatre ou cinq personnes, qui selon le cas, discutent d'abord du sujet en langage « petit vélo » puis choisissent une représentation, ou bien en non-verbal.
On peut également recouvrir les murs de papier Canson : certains commencent à un endroit, les autres suivent quand ils en ont envie et associent en fonction de leur inspiration. L'ensemble constitue alors une « fresque » qui sert de toile de fond projective au travail du groupe durant tout le séminaire.

Emergence
Les étapes suivantes sont généralement nécessaires.
Dans le cas du dessin individuel ou effectué en sous-groupes : il faut que le groupe dans son ensemble intègre ce dessin, s'imprègne de son contenu. On affiche donc le dessin au mur, et le groupe associe en langage « petit vélo », en faisant des projections.
Dans un second temps, l'animateur réintroduit le problème : « Et par rapport à notre thème... ». Le groupe recherche des idées floues, inspirées par le dessin.

## 2. L'expression corporelle

L'expression corporelle est très utilisée en formation, pour entraîner les participants aux mécanismes créatifs, pour leur faire sentir les processus autrement que par l'intelligence. Par exemple, l'exercice du passage de gestes pour l'association, l'exercice du déséquilibre pour la recherche d'idées, etc.

L'expression corporelle peut être intéressante en recherche d'idées à deux niveaux.

D'une part pour s'imprégner du problème : quelle meilleure compréhension intime du problème peut-on imaginer que celle qui consiste à s'identifier à lui avec son corps, à le mimer[50] ?

D'autre part, on peut également utiliser l'expression corporelle comme technique d'éloignement. Comme on le fait souvent dans la vie courante pour représenter un mécanisme simple (un moulin à légumes, une pince), ou comme le font les sourds quand ils emploient le langage des signes, on peut représenter

[50] C'est ce que nous faisons avec une adaptation de la technique « la case du magicien » développée par René Bernèche. Nous avons baptisé l'adaptation que nous pratiquons la technique du « passeur d'images ».

avec des gestes un concept, un mécanisme, une idée. En essayant de représenter avec des gestes des pistes de solutions trop vagues pour se traduire en mots, on fabrique un support stimulant pour une recherche d'idées collective.

## Fiche pratique : les techniques projectives

En psychologie, la projection est un mécanisme inconscient par lequel le sujet « déplace » sur autrui des affects positifs ou négatifs. C'est un mécanisme normal qui participe directement à la formation du moi.
Le mécanisme projectif a été utilisé en psychologie pour constituer une vaste famille de tests de personnalité, qui consistent à confronter un sujet à du matériel de stimulation (dessins figuratifs ou abstraits par exemple) et à le faire s'exprimer pour dire ce qu'il voit, puis à analyser son discours pour détecter des caractéristiques de sa personnalité.
Il existe différentes catégories de méthodes projectives parmi lesquelles celles où le sujet doit rechercher une structure dans un matériel abstrait (le test de Rorschach constitué de taches d'encre en est l'exemple le plus typique) ; celles où le sujet doit interpréter la représentation d'une scène affective (le T.A.T. est le plus connu) ; le test d'association de mots de Jung, véritable ancêtre des méthodes projectives ; les méthodes mettant en scène le jeu, le psychodrame, servant de prétexte à des réactions affectives ou émotionnelles ; etc.
Deux éléments entrent en jeu : la qualité du support provoquant la connexion, et la démarche suivie.

### Objectif

Accélérer significativement l'éloignement en utilisant le potentiel projectif d'un support.

**Contexte d'utilisation**
Après une phase de formation au langage associatif (voir fiche « petit vélo ») et après une étape dynamique pour monter progressivement en imaginaire.

**Mise en œuvre**
Pour plus de clarté, nous distinguerons dans la mise en œuvre, d'une part les supports, et d'autre part la démarche.

**Les supports**
N'importe quel élément peut devenir prétexte à organiser une connexion. Comme le disait Léonard de Vinci, « *regardez les taches d'humidité sur les murs et forcez-vous à rêver puis à y chercher la solution à votre problème…* »
Dans la pratique, il est précieux de disposer d'une collection d'images, de préférence étalonnée, qui permet d'explorer une large panoplie de champs évocateurs. On peut trouver des banques d'images en ligne (Getty, Corbis, Fotolia…). Mais la plupart des animateurs possèdent des collections, soit avec des supports figuratifs (photos, collages, dessins figuratifs, jeux de cartes (collections Martine Walter, Isabelle Jacob, Piepoli) ; des supports symboliques (grands symboles, cartes de tarot, images des Collections Eurëka, etc.) ou des collections de photos abstraites.
On peut également amener le groupe à fabriquer son propre matériel projectif à partir de photos faites par le groupe, de collages, de dessins.

**La démarche**
Il s'agit d'établir un lien entre la production générée à partir du support et le problème.

Il existe une différence entre la technique des connexions forcées et le croisement projectif.

Les connexions forcées consistent à interposer, entre la personne qui cherche des idées et le challenge créatif, un support visuel, un mot, une phrase ou un objet... Puis d'arriver à trouver une idée en obligeant la personne à créer « de force » une connexion mentale avec ce stimulus.
On prend des mots au hasard, ou des images, ou des objets, et l'on court-circuite le déroulement de la pensée en créant un lien artificiel. *« Vous cherchez des idées dans le domaine de l'informatique, voici des mots ou des images de nuages, de bateaux, de fleurs, trouvez une idée en établissant un rapport. »*
On procède généralement à ce choc d'une manière rapide, provocatrice, sans laisser le temps de réfléchir, en langage brainstorming dynamique.

Dans le croisement projectif, on va procéder de manière lente, et en utilisant le langage sensible « petit vélo ».
Il existe deux manières de procéder au croisement projectif.

**A) On explore l'imaginaire du support**
On cherche à se connecter à l'imaginaire, à l'émotion, voire à la dimension poétique que peut inspirer le support.
Un participant prend appui sur une image de la banque d'images, et entre dans une phase d'éloignement : il se concentre sur les émotions, les sensations, la poésie présentes dans le support.
A partir de là, il entame la phase d'émergence : il croise sa production lors de l'éloignement tout doucement avec le challenge créatif. Il converge alors de manière sensible pour écrire des débuts d'idées sur Post-it.

**B) On projette le besoin de solution**
Dans ce cas, on imprègne d'abord fortement le groupe des données du problème, on le sensibilise à la recherche de solutions. A la limite, on crée une angoisse née du besoin de solu-

tions ou un challenge entre deux sous-groupes. Puis on s'efforce de « projeter » ce besoin de réponse sur un support. Imaginons Gutenberg obsédé par le besoin de trouver un moyen de reproduire les textes de La Bible. Il « ne pense qu'à ça ». Si bien que, voyant dans la nature des vendangeurs en train de presser le raisin, il « projette » sur eux son problème et imagine aussitôt de créer une presse pour imprimer facilement son texte. C'est cette attitude que l'on cherche à susciter dans les groupes en leur demandant de « projeter » le besoin de solutions sur nos supports projectifs.

Comment procéder dans la pratique ? Par la technique que nous appelons la solution cachée.

On propose au groupe, préalablement imprégné et tendu par le désir de trouver, des images de la collection.

La consigne est : *« La solution à notre problème se trouve cachée dans cette image : cherchez là ! Qui la sent, qui en voit un bout… ? »*

Le côté ludique, le défi, excitent la curiosité, facilitent la production de nombreuses pistes d'idées.

## Famille 2 : les techniques de croisement pour faciliter l'émergence

Au moment du croisement, nous disons souvent qu'il faut « organiser l'affût ». En effet, on se trouve dans la même situation qu'un chasseur à l'affût qui progresse à l'aveugle dans une forêt inconnue, en suivant des pistes vagues pour dénicher l'oiseau rare.
Pour organiser l'affût, la méthode la plus efficace consiste à considérer la production effectuée pendant la phase d'éloignement (enregistrée au magnétophone), avec un regard de chasseur à la recherche « d'indices d'idées ». On peut aussi « croiser » en direct en écoutant celui qui explore l'imaginaire.
Il existe différentes manières d'organiser l'affût : soit brutalement en saisissant au vol une idée qui jaillit et nous fait sursauter ; soit à l'inverse très lentement en dévoilant l'idée naissante peu à peu, par bribes, en attrapant l'idée comme un poisson que l'on sort de l'eau en l'attirant doucement dans le filet.
Différentes techniques rendent cette phase cruciale plus facile.

### Les trois dessins

### Le balancier

### Le chef d'orchestre

### L'escalier

### L'île sous le brouillard

## Fiche pratique : « les trois dessins »

### Objectifs

Cette technique ne constitue pas seulement un moyen de produire des idées ; c'est aussi un outil pédagogique qui aide à faire comprendre aux participants le mécanisme de l'émergence et le passage par les trois stades : l'imaginaire, l'ébauche d'idée, l'idée finie. La première étape permet une mise en jeu très forte de l'imaginaire.

### Contexte d'utilisation

Lors d'une formation, ou dans le cadre d'un processus de recherche de solutions long, pouvant laisser le temps aux participants d'exploiter au mieux les trois dessins.

### Mise en œuvre

Cette technique comprend trois phases.

La première phase est individuelle, solitaire. On place le participant devant une grande feuille de papier et on lui demande de se concentrer sur le sujet de la recherche pour s'en imprégner, comme en méditation. Puis on va l'inviter à exprimer son imaginaire sur le thème, sous forme d'un dessin non-figuratif, improvisé, sans signification apparente, qui a pour ambition de traduire l'imaginaire directement en taches de couleurs. Dans ce dessin, on recommande d'employer de la peinture à doigts (utilisée habituellement pour les enfants) qui fait perdre les repères, et amène à « parler avec le corps » dans un comportement un peu régressif.

La deuxième phase consiste à faire un deuxième dessin qui va « extraire » du premier des lignes de force, des pistes d'idées. On descend d'un cran vers le résultat. Cette fois on n'utilise plus la peinture à doigts, mais des pinceaux ; on devient plus formel. La démarche n'est plus solitaire, elle peut faire l'objet d'un échange deux à deux.

La troisième phase a pour fonction de formuler, toujours sous une forme graphique, des idées issues de la phase précédente, mais plus abouties, plus concrètes. On ne se sert pas seulement des pinceaux, mais aussi des marqueurs, des stylos, on peut mélanger dessin, collage, texte. On n'est plus dans l'imaginaire, on est dans la représentation d'un concept. On dessine éventuellement l'affiche publicitaire qui représente l'idée. Cette phase peut se faire en petits groupes. C'est une recherche d'idées qui prend appui sur le matériau imaginaire des phases précédentes.

## Fiche pratique : « le balancier »

### Objectifs

Amener les participants à être particulièrement attentifs à l'émergence de l'idée au ralenti, à l'alternance éloignement / émergence.

### Contexte d'utilisation

Soit en formation, où cette technique est un point de passage obligé afin que chaque participant à tour de rôle puisse « ressentir physiquement » le moment d'émergence, soit en phase de production pour créer une rupture de rythme après un travail collectif et introduire une séquence individuelle.

### Mise en œuvre

Chaque participant, tour à tour, s'installe confortablement sur une chaise. Il est déjà imprégné du problème, il a déjà effectué une production imaginaire (dessin inspiré par le problème par exemple).

L'animateur s'installe derrière lui, pose ses mains sur ses épaules et l'aide à instaurer un balancement de droite à

gauche, symbolisant d'une part l'imaginaire, d'autre part le problème.
L'animateur l'invite à verbaliser son imaginaire (descriptif de son dessin, par exemple), puis à un moment donné, il le « balance » tout en douceur de l'autre côté en lui suggérant de voir un lien avec le problème, de proposer une piste d'idée ; il recommence ce balancement alternatif un certain nombre de fois, insistant plus ou moins sur un pôle ou l'autre suivant le contenu.
Le reste du groupe, en situation « d'aquarium », associe en prolongeant les pistes proposées.

## Fiche pratique : « le chef d'orchestre »

Cette technique est voisine du balancier, à ceci près qu'elle est pratiquée collectivement.
L'animateur chef d'orchestre « dirige » deux sous-groupes de trois ou quatre personnes.
L'un des sous-groupes a pour fonction de partir vers l'imaginaire, l'autre de ramener cet imaginaire vers le problème. Comme un chef d'orchestre dirigerait les violons et les cuivres, la baguette à la main, il pousse l'un des sous-groupes à s'exprimer, puis baisse l'intensité et se tourne vers l'autre, alternant vers un pôle imaginaire ou un pôle problème, recherchant l'émergence. L'autre partie du groupe associe en prolongeant les pistes proposées.

## Fiche pratique : « l'escalier »

### Objectifs

Entraîner le groupe à transformer progressivement les stimuli imaginaires en idées, d'abord floues, puis plus précises.

### Contexte d'utilisation

En phase de formation, pour bien faire sentir la progression et ralentir la tendance à produire trop tôt des idées.

### Mise en œuvre

Il faut procéder pas à pas dans une démarche comparable à la descente des marches d'un escalier. Dans la pratique, nous suggérons d'installer dans la salle trois ou quatre tableaux paper board. Sur le premier, on écrit le « départ d'idée », c'est-à-dire le stimulus qui semble prometteur, celui que le groupe a choisi (en faisant fonctionner l'intuition individuelle). Sur le second tableau, on ramène la proposition un peu plus vers le problème, mais sous une forme encore vague et floue : *« Il y aurait peut-être une voie de solution dans ce sens ? »* Sur le troisième tableau, on redescend d'un cran en faisant exprimer les critiques en positif par des phrases qui commencent obligatoirement par : *« Pour que ça marche, il faudrait que… ».*
Chaque marche constitue une nouvelle recherche d'idées.

## Fiche pratique : « l'île sous le brouillard »

### Objectifs

Entraîner le groupe à associer collectivement pour faire naître les idées, faciliter une production lente et impliquée.

### Contexte d'utilisation

Cette technique suppose un groupe très entraîné au langage fusionnel dans l'imaginaire (« petit vélo »). Elle peut donc être pratiquée en formation. En production, elle convient bien au début de la séquence d'émergence, quand on explore, pour la première fois, le matériau produit en éloignement. Elle est intéressante en production, mais elle contribue également à la cohésion du groupe. Elle peut jouer le rôle de révélateur d'une mauvaise formation du groupe.

**Mise en œuvre**

Dans un premier temps, on demande aux participants d'imaginer une île au milieu de nulle part, sur laquelle est posée la solution. Cette île est recouverte de brouillard.

Dans un second temps, peu à peu le brouillard se lève et laisse apparaître les solutions. *« Découvrons-les lentement, peu à peu, qui en voit une ébauche ? »*

Cette technique ne peut être utilisée qu'après une bonne phase d'imprégnation.

# Famille 3 : les techniques de convergence sensible pour faciliter l'élaboration des idées

La phase de convergence « sensible » est une phase très proche de la phase de convergence « dynamique ». Cependant, la nature des idées qui émergent ici demande une approche souvent plus minutieuse, ralentie, afin de garder la subtilité, la charge imaginaire, qui peut se cacher derrière l'embryon d'idée qui vient juste d'émerger.

## Les étincelles et regroupements, dits « à la volée »

## Les regroupements intuitifs

## L'enrichissement sensible des clusters

## La Concept Box©

## Fiche pratique : « hits & highlights » (étincelles et regroupements), une technique de convergence dynamique

*Afin de bien saisir la différence d'approche entre les techniques de convergence sensible et de convergence dynamique, nous proposons de rappeler le principe de fonctionnement d'une technique de convergence emblématique de la posture dynamique.*

### Objectifs

Mettre en lumière les grands thèmes trouvés en phase de divergence, pour faciliter leur reformulation et leur transformation en solutions. En effet, lorsque l'on a produit beaucoup d'idées sur les Post-it, il faut faire un « tri créatif » qui permettra, d'une part, de voir plus clair, et d'autre part, de faire des regroupements par familles d'idées ou par morceaux d'idées.

### Contexte d'utilisation

Lors d'une session créative où beaucoup de Post-it auront été produits lors de phases de divergence.

### Mise en œuvre

La technique s'opère en trois phases.

Trouver les « étincelles »

Reprenez tout ce qui a été proposé, et assurez-vous que tous les participants ont bien lu toutes les idées sur les Post-it.

Posez des gommettes de couleur sur les idées... Utilisez des gommettes de différentes couleurs, pour hiérarchiser les étincelles en fonction des critères spécifiques au sujet.

Exemple de couleurs de gommettes :

- Vertes pour des idées, morceaux d'idées, qui pour vous répondent au challenge et vous semblent réalisables.

- Violettes pour des idées qui vous touchent, mais que vous ne voyez pas encore très bien (ni en termes de réalisation, ni en termes de pertinence dans la réponse au challenge).
- Rouges pour les idées pour lesquelles vous avez des informations concrètes, qui permettent de déterminer qu'elles ne sont pas adaptées (problème juridique connu, brevet identique connu).

Faire un regroupement par thèmes
Cette deuxième phase de regroupement par thèmes permet d'obtenir des grands thèmes, « des grappes d'idées ». Pour cela, regroupez les étincelles apparentées par groupes (thèmes ou catégories).
Dans un premier temps, vous pouvez y mettre un titre développé (qui comporte plus d'un mot).
Dans un deuxième temps, replacez chacun des Post-it sans gommettes, avec le thème correspondant (ce travail peut se faire en groupe de manière très rapide et efficace).

Reformulation
C'est la phase la plus importante puisqu'une bonne reformulation permettra de traduire l'essence de plusieurs idées exprimées sur le Post-it.
Revoyez vos regroupements : échangez entre vous pour partager les potentiels d'idées que vous sentez et les bouts d'idées que vous sentez émerger derrière ce thème.
Identifiez clairement les éventuels thèmes communs et regroupez ou affinez ces thèmes si nécessaire.
A partir du contenu des thèmes, posez-vous des questions ouvertes pour savoir si, potentiellement, ils répondent bien à l'objectif de départ (comment faire pour…, que se passerait-il si…, sur quoi déboucherions-nous si…), sans jugement de valeur *a priori*.

La reformulation sera soit composée d'un titre, des Post-it du regroupement et d'une vraie phrase de reformulation, soit développée sous forme de fiche concept.

## Fiche pratique : les étincelles et regroupements, dits « à la volée »

### Objectifs

Il s'agit d'une variante de la technique « étincelles et regroupements », adaptée à la posture sensible, qui a pour objectif de passer d'un embryon d'idée à une idée plus détaillée, voire un début de solution…

### Contexte d'utilisation

A la différence de l'approche *hits & highlights* dynamique, on n'attend pas la fin de l'étape de génération d'idées pour faire des regroupements et développer les idées.

### Mise en œuvre

A chaque fois que l'on sent une piste intéressante (une étincelle), on la développe.
Il s'agit de tirer, à chaud, le fil d'une idée naissante que l'on enrichit avec le groupe.
Pour cela, pendant la phase d'émergence, lorsque l'animateur ou un participant sent une étincelle, il va relancer le groupe pour regrouper les Post-it associés à cette étincelle, et éventuellement en générer de nouveaux.
Puis l'animateur fait associer le groupe en langage « petit vélo » afin de faire émerger l'idée naissante.
Il est ensuite possible d'aller plus en loin dans la description. Cette approche permet alors de finaliser des fiches idées tout au long d'une session.

## Fiche pratique : les regroupements intuitifs

### Objectifs

Il s'agit d'une deuxième alternative à la technique « étincelles et regroupements », adaptée à la posture sensible.

### Contexte d'utilisation

Lors d'une session créative où un grand nombre de Post-it auront été produits lors des phases de production d'idées.

### Mise en œuvre

A l'issue de la génération d'idées, les participants sont devant un mur de Post-it.
L'animateur les invite alors à faire intuitivement des liens entre les Post-it (ils ne déplacent pas les Post-it, mais les associent mentalement, s'en laissent inspirer). Pour cela, chaque participant a un carnet où, tel un enquêteur, en silence et individuellement, il va laisser apparaître, émerger, des pistes de solutions. Il pratique une forme de « cueillette sensible » dans le champ des idées.
Il ne s'agit pas de thématiser les Post-it mais de vagabonder dans la quantité pour laisser émerger des solutions.
Cette approche individuelle permettra une appropriation plus forte des solutions. Elle demande aux participants une certaine fluidité afin de ne pas passer par un classement logique et d'accepter ce « bricolage » devant la matière créative.
Pour mémoire, cette notion de bricolage était évoquée par Lévi-Strauss qui, de manière métaphorique, nous rappelait que la phase de lâcher-prise avait un rôle majeur dans le processus de création. « Bricoler » est une expression équestre qui signifie laisser la bride (la « bricole ») du cheval libre et se laisser ainsi guider par le cheval sans contrôle.

## Fiche pratique : l'enrichissement sensible des clusters

### Objectifs

Recharger, en termes d'imaginaire et d'émotion, la description d'une idée afin d'éviter de l'écrire trop vite, de manière trop rationnelle.

### Contexte d'utilisation

C'est une technique qui se pratique après les étincelles et regroupements (technique de l'approche dynamique).

### Mise en œuvre

Il s'agit de réaliser une phase de convergence sensible : enrichir les thèmes, leur donner de la chair, de l'épaisseur, à la fois dans une description rationnelle, mais aussi et surtout à travers une description imaginaire et émotionnelle.
En groupes restreints de trois ou quatre personnes, on associe en langage « petit vélo », sans Post-it, pour enrichir le cluster de Post-it ; l'animateur reporte ce que le groupe raconte. L'enrichissement consiste à raconter ce que l'on voit de la solution plus que ce que l'on en comprend, mais aussi à utiliser des métaphores, des analogies, des visuels pour partager une vision commune du cluster.
Sur cette base, on pourra élaborer des fiches solutions ou des fiches concepts.

## Fiche pratique : la « Concept Box© »

### Objectifs

Associer les facettes émotionnelles du concept à sa rationalité, pour une meilleure cohérence dans le processus d'innovation.

La Concept Box© permet de conserver et d'enrichir la matière créative, l'étincelle ayant initié, accompagné la genèse d'un concept. Le concept ainsi enrichi actionne une imagerie mentale et sa dimension sensible associée.

**Contexte d'utilisation**

La Concept Box© constitue une approche complémentaire pour toucher les équipes internes, pour assurer un développement juste et cohérent du concept, et pour faciliter sa transmission.
C'est une approche souvent indispensable quand différentes formes d'intelligences créatives sont amenées à se rencontrer et à échanger (une équipe marketing et des designers, photographes, rédacteurs...). Elle est notamment très utile après une thématisation (voir la fiche *hits & highlights*) pour enrichir un thème.

**Mise en œuvre**

Regrouper l'ensemble des éléments conceptuels, écrits, visuels, multimédias, olfactifs, sensoriels, permettant de mieux comprendre, voir, percevoir, sentir un concept. Pour cela, on peut s'appuyer sur :

- Une carte mentale.
- Des listes organisées des données clés du projet.
- Des mises en « images pour transmettre ».
- Des métaphores et analogies.
- Des points clés des études (verbatims réels ou reconstitués à partir d'études qualitatives, ethnographiques, ethno-vidéos, documentaires et de veilles).

# Bibliographie sur la créativité

Liste d'ouvrages pour aller plus loin sur le thème de la créativité, certains nous ayant inspirés lors de la rédaction de ce livre…

## Livres présentant des techniques de créativité et des processus créatifs

**Aznar Guy,** *Idées*, Editions d'Organisation, 2005.
**Bacus Anne, Roman Christian,** *Libérez votre créativité,* J'ai lu, 1992.
**Berloquin Pierre**, *La Recherche d'idées,* Bayard, 1993.
**De Bono Edward,** *La Stratégie du projet latéral*, Dunod, 1998.
**De Bono Edward,** *La Boîte à outils de la créativité,* Editions d'Organisation, 2004.
**De Brabandère Luc**, *Le Latéroscope,* La Renaissance du Livre, 1989.
**De Brabandère Luc**, *Le Management des idées*, Dunod, 1998.
**De Brabandère Luc**, *Le Plaisir des idées*, Dunod, 1994.
**Demory Bernard, Guillot Danielle,** *Pour des réunions efficaces et dynamiques*, Puits Fleuri, 1997.
**Demory Bernard,** *La Créativité en pratique*, Chotard et ass., 1978.
**Duhoux Patrick, Jacob Isabelle,** *Développer sa créativité*, Retz, 2006.
**Fustier Michel et Bernadette,** *Exercices pratiques de créativité*, Editions d'Organisation, 2001.
**Fustier Michel,** *Pratique de la créativité,* ESF, 1988.
**Isaksen Scott G., Dorval K. Brian, Treffinger Donald J.,** *Résoudre les problèmes par la créativité : la méthode CPS*, Editions d'Organisation, 2003.
**Jaoui Hubert,** *La Créativité mode d'emploi*, ESF, 1996.

**Michie Donald, Johnston Rory, Tauzin-Raynaud Denis,** *L'Ordinateur créatif*, Eyrolles, 1987.
**Miller Blair, Vehar Jonathan, Firestien Roger L.**, *CPS Facilitation : A Door to Creative Leadership*, Innovation Systems Group, 2001.
**Miller Blair, Vehar Jonathan, Firestien Roger L.**, *Creativity Unbound (An Introduction to Creative Process)*, THinc Communications, 2004.
**Osborn Alex,** *L'Imagination constructive,* Dunod, 1988.
**Sander Bernie**, *Les Systèmes de suggestions en révolution,* Editions JV&DS, 1996.
**Vidal Florence**, *L'Instant créatif*, Flammarion, 1984.
**Widouw Jean-Claude,** *Créativité mode d'emploi,* Editions d'Organisation, 1997.
**Wolfe Olwen,** *J'innove comme on respire*, Editions du Palio, 2008.

## Livres traitant du management de l'innovation

**Bellon Bertrand,** *Innover ou disparaître*, Economica, 1994.
**D'Herbemont Olivier, César Bruno,** *La Stratégie du projet latéral*, Dunod, 1998.
**De Kermadec Yann,** *Innover grâce au brevet,* Editions Insep Consulting, 2001.
**De Ramecourt Marjolaine, Pons François-Marie**, *L'Innovation à tous les étages,* Editions d'organisation, 2001.
**Des Mesnards Paul-Hubert, Sallé Michel,** *Le Management par la vision*, Editions Créargie, 2000.
**Frerejean Alain, Klein Charles-Armand,** *De Gutenberg à Bill Gates*, Tallandier, 2001.
**Getz Isaac, Robinson Alan G.,** *Vos idées changent tout,* Editions d'Organisation, 2003.

**Guntern Gottlieb,** *Les 7 règles d'or de la créativité,* Village mondial, 2001.
**Institut de l'Entreprise,** *L'Offre créatrice.* Editions d'Organisation, 1987.
**Joulin Nathalie,** *Les Coulisses des nouveaux produits,* Éditions d'Organisation, 2002.
**McDermott Robin E., Mikulak Raymond J., Beauregard Michael R.,** *Développer l'initiative et la créativité du personnel,* Dunod, 1996.
**Moles Abraham et Caude Roland,** *Créativité et méthodes d'innovation,* Fayard, 1970.
**Raynal Serge,** *Le Management par projet : approche stratégique du changement,* Editions d'Organisation, Paris, 1996.
**Robert Michel, Devaux Marcel**, *Stratégie pour innover,* Dunod, Paris, 1996.
**Robinson Alan G., Stern Sam,** *L'Entreprise créative,* Editions d'Organisation, 2000.
**Roche Loïck, Grange Thierry**, *Innovation et technologie,* Maxima, 1999.

## Ouvrages généraux sur la fonction créatrice et le fonctionnement du cerveau

**Atlan Henri,** *Création et créativité,* Editions Castella, 1961.
**Bachelard Gaston,** *Le Droit de rêver,* PUF, 1970.
**Boirel René,** *L'Invention*, PUF, 1966.
**Buzan Tony,** *Dessine-moi l'intelligence,* Editions d'Organisation, 1995.
**Cameron Julia,** *Libérez votre créativité,* Editions Dangles, 1999.
**Changeux Jean-Pierre et Connes Alain**, *Matière à pensée*, Odile Jacob, 1989.

**Csikszentmihalyi Mihaly,** *La Créativité,* Robert Laffont, 2006.
**Desoille Robert,** *Le Rêve éveillé en psychothérapie*, PUF, 1945.
**Goleman Daniel,** *L'Intelligence émotionnelle,* Robert Laffont, 1997.
**Hannaford Carla,** *La Gymnastique des neurones,* Editions Jacques Grancher, 1997.
**Lubart Todd,** *Psychologie de la créativité,* Armand Colin, 2003.
**Mac Lean Paul, Guyot Roland,** *Les Trois Cerveaux de l'homme,* Robert Laffont, 1990.
**Morin Edgar,** *Introduction à la pensée complexe*, ESF, 1990.
**Rodari Gianni,** *La Grammaire de l'imagination,* Rue du Monde, 1998.

### Livres épuisés, à se procurer d'occasion ou en bibliothèque

**Gordon William J. J.,** *Stimulation des facultés créatrices par la méthode synectique*, Hommes et Techniques, 1965.
**Koestler Arthur,** *Le Cri d'Archimède*, Calmann-Lévy, 1969.